一瞬でYESを引き出す

心理戦略。

メンタリスト
DaiGo

ダイヤモンド社

「一瞬でYESを引き出す　心理戦略。」目次

第1章

あなたはもっと評価されるべき。今こそ仕事にメンタリズムを

第２章

手ごわい相手の「YES」を引き出す心理戦略

自分を変えるメンタリズム②

第3章
あなたから「また買いたい!」と思わせる心理戦略

自分を変えるメンタリズム③

第４章

人間関係のストレスをなくす心理戦略

第5章

ミスを取り戻すどころか、チャンスに変えてしまう心理戦略

おわりに

はじめに　仕事で使えるメンタリズムの技術、教えます

「透視」や「心理学」「コミュニケーション」に関する本がたくさん出版され、私のところにもこうしたテーマでの取材やテレビ、ラジオなどの企画が頻繁《ひんぱん》に飛び込んできます。

先行きが不透明かつ人とのつながりが求められている現代社会において、**「人の心を読み、心をつかむ」ことは、誰もが求めているスキル**だと言えるでしょう。

そしてそのもっとも底辺にあるもの、つまりそのスキルによって何よりも得たいものの、それは「快適な人間関係」であり、「人との信頼関係」なのではないでしょうか。

改めて、こんにちは。メンタリストのＤａｉＧｏです。

テレビで私をご覧になった方は、こう思われたかもしれません。

「超能力者?」「マジシャン?」——そして私に対する多くのイメージは、「フォーク

を曲げる人」「人の心を透視できる人」かもしれません。

そもそも「メンタリスト」って何？　という人も多いでしょう。

その質問にお答えするなら、メンタリストとは「メンタリズムを行う人」のことです。ではその「メンタリズム」とは何か。それは**行動や態度、言葉などから相手の心理を読み解き、思うままに誘導する技術**のことです。

パフォーマンスがより大きくクローズアップされているために、サイキックなエンターテインメント的要素が強いと思われがちですが、実はパフォーマンスはメンタリズムのほんの一面でしかありません。

メンタリズムとは本来、人と人とがよりよい関係性を築くための大きな助けとなる技術なのです。

そして、なかでも**メンタリズムと親和性《しんわせい》が高いのがビジネスの現場**です。

取引先との交渉事が多い営業や、お客さんと直《じか》に接するサービス業で相手の信頼を得て売り上げを上げる。また上司と部下、同僚や先輩、後輩といった職場での人間関係を良好にする。

こうした気持ちのいい仕事環境に欠かせないのが、人との「信頼関係」です。いえ、欠かせないどころか、それがすべてと言ってもいいでしょう。**だからこそ、世のビジネスパーソンに、メンタリズムを活用してほしいのです**。


「だって、無理だよ。特殊な技術なんでしょ、メンタリズムって」と言う人もいるかもしれません。


しかし、それは違います。

メンタリズムとは特殊能力ではありません。もちろん超能力などでもありません。心理学やＮＬＰ（神経言語プログラミング）と非常に密接な関係があるれっきとした「科学」であり「技術」です。

技術だから「やり方」があります。やり方があるから、**簡単なコツさえ覚えれば誰にでも使えるようになる**のです。

さらに言うなら、メンタリズムには高いお金も道具も必要ありません。

ほんの少しのテクニックさえ身につければ自分で今すぐ実践できる、非常に手軽でリーズナブルな技術なのです。にもかかわらず、それを知らない人がとても多い。何ともったいないことでしょう。

本書では、ビジネスの現場において、仕事相手との信頼関係を築くための手法、人の心を読み解く方法について、「なぜそうなのか」という理由や、人の思考プロセスを解説するとともに、具体的なやり方などもお伝えしていきます。

「心を読んで、心を操る」などと言うと、なかには「そんな技術に頼ったコミュニケーションなんて不誠実だ」——とおっしゃる方もいます。

しかし、相手の心の内も推《お》し量らず、相手の反応も見ず、ただやみくもにコミュニケーションを押しつける。それこそ独りよがりであり、不誠実なことです。

自分がいいと思っているものが、必ずしも相手もいいと思うかどうかなどわからない。自分にとって正しいものが、相手にとっても正しいかどうかなどわかりません。

人間関係や信頼関係というのは、そういうなかで築かれていくもの。コミュニケーションとは、本来そういうものだと思うのです。

だからこそ、表情や仕草といった相手の反応に気を配らなければいけない。相手の心の中を推し量って、心理状態を読み解いて、理解しなければなりません。

メンタリズムとは、**決して騙《だま》したり、誑《たぶら》かしたり、裏をかいたりするためのものではありません**。相手の心に寄り添うための、相手といい関係を築くための、人付き合いの基本なのだと、私は考えているのです。

よりよい人間関係、仕事環境づくりは、よりよい仕事、人生づくりの第一歩です。

さっそく、その一歩を踏み出しましょう。

メンタリスト　ＤａｉＧｏ

本書の正しい使い方

「ＤａｉＧｏが教えるビジネスに使えるメンタリズム」と聞いて、そんな小手先のテクニックでうまくいくほど仕事は簡単じゃない、と思う人もいるかもしれません。

では、最初にこのページを開いたあなたにおうかがいします。あなたは帯にかかれた「17ページからお読みください」という言葉にひかれて、この本を手にし、まっ先にこのページを開きませんでしたか？　ここですでにあなたは、私の「メンタリズム」に誘導され、操られているのです。この本を手に取ったあなたに私が仕掛けた心理作戦は、本書を最後まで読めばおわかりになるでしょう。

たった1文、表紙にかかれた「17ページからお読みください」のひと言に誘導されて、あなたはこの本と出会いました。そして、この出会いは、あなたの人生を確実に変えるでしょう。契約をどんどん取れる営業マンになり、売り場で№1の販売員になれるのです。

また、私は無類の本好きです。暇さえあれば、本を読んでいます。iPadで本を読みながら歩いていたせいで、電信柱に激突したこともあります。一日に平均10冊の本を読みますが、もし私の「メンタリズム」にタネがあるとするなら、その読書で得た知識こそがタネ、だといえるでしょう。

私自身、本を読むときはまず、ページを開く前に、この本からどんな知識を得たいかを考えて読み始めます。言ってしまえば、目的を持って本を読むわけです。そうすると、だいたい1冊の本の中でも、本当に自分に必要な知識は7〜11％です。

そこで、本書では、この7〜11％の知識だけを知りたい人に向けて、実践部分にあたる第2章の各項目から「メンタリズムポイント」というまとめをご用意しました（ページ右左の上部）。忙しくて本を1冊読むなんて無理、本を読むと眠くなっちゃって…という人は、この部分だけ読んでみてください。もし、気になるポイント、使えるかなど思うキーワードが出てきたら、その項目だけでも読んでみてください。最初から順番に読む必要なんてありません。むしろ、自分の興味のある部分だけを読む、というスタイルをこの本ではおすすめします。

さて、あなたはどのようにこの本を読みますか？

難しく考える必要はありません。まずはページを開いてみましょう。全部のテクニックを使おうとする必要もなし。本書でも登場しますが、先送りしがちな人への処方箋は、「まず始めてみること」です。目を閉じて、開いたページのものを明日から使ってみてください。立ち読みでもかまいません。もし、そのテクニックであなたの何かが変わったら、また書店でこの本を手に取ることになるでしょう。

第1章

あなたはもっと評価されるべき。今こそ仕事にメンタリズムを

メンタリズムこそ最強のビジネスツールだった

そのお話をする前にまず、よくある誤解を解いておきましょう。

私はいわゆる大手の芸能事務所には所属していません。テレビ業界や芸能界、ビジネス界などに強力なコネやネットワークがあったわけでもありません。

そんな〝ないないづくし〟の中で、テレビに出演させていただき、パフォーマンス、コメンテーターの仕事をさせていただいています。

また最近では、**外資メーカーの販促チームリーダー向け研修など、企業向けのオーダーメイド研修も行っています**。

そもそも、なぜ**コネなし、カネなし、大手事務所なし、しかも20代半ばの若者**である私のところに、テレビ出演や企業研修の依頼が次々と飛び込んできたのでしょうか。

その理由こそが、私が行っている**「相手の心を読み、心をつかみ、ニーズに応えることで信頼関係を築く」メンタリズムという技術**にあるのです。

もちろん、テレビなどのメディアへの露出については、メンタリストという存在の珍しさ、メンタリズムという言葉の目新しさ、パフォーマンスのインパクトなど様々な要素が合わさっているとは思います。

しかし企業研修は違います。そういった話題性だけで講師やパネラーとして声がかかるわけではありません。ビジネスにおけるメンタリズムという技術の重要性を理解してもらって初めて成立する仕事なのです。

私はことあるごとに、自分が行っているメンタリズムの有効性と、それを駆使し、活用法を教えられるメンタリストとしての自分自身を、ビジネス業界の方々に売り込み続けてきました。

そして結果としてテレビにも出続けながら、大手企業、外資系企業などから数多く研修やセミナー、コンサルティングの仕事をいただけるようになりました。

私は学生時代にビジネスをした経験はありますが、いわゆる「企業に就職」したことはありません。先輩や上司から「仕事のやり方」「仕事のとり方」「交渉術」「プレゼン方法」などを教えてもらったこともありませんでした。さらに前述したように、コネもカネも大きな後ろ盾《だて》もありませんでした。そんな私が、自分の技術と存在をセールスするために活用したのもまた、メンタリズムだったのです。

これまでの企業ビジネス、とくに日本企業のビジネスは「集団」を重要視して「個」を軽視するという傾向が強かったように思います。

しかしこれからは**企業間のビジネスにおいても「個の存在」「個のつながり」が非常に重要になると考えます**。どんな大企業であっても、すべては個の集合体なのですから。

個の資質によって、個と個の間の信頼感を深めて人脈を作り、そのつながりをベースにして企業間のビジネスを動かしていく。現代は、会社組織の中で、あえて「個人」をアピールするべき時代なのだと思うのです。

コネもカネもない、まさに「個」そのものだった私は、企業のトップや役員クラスの人たちに「個」としてアプローチをかけることで人間関係を築いてきました。「個」と「個」をつなぐメンタリズムの技術を使って相手の心理を読み解き、人脈を広げ、相手から信頼感を得てきたことで、私の今があるのです。

ビジネスとメンタリズムの親和性は、私が自分自身で経験し、実践してきた事実です。個のつながりが重要とされる今だからこそ、**「メンタリズムを知ることがこれからのビジネスパーソンにとって最強の武器になる」**ことを伝えたいと思ったのです。

これだけであなたも人の心を読み、動かすことができる！

「はじめに」でも書いたように、メンタリズムとは人間の心理的特性をふまえて、相手の行動や態度、会話などからその心の状態を読み解いていく技術です。れっきとした科学であり、超能力ではありません。

ですから、そのエッセンスを知って技術を身につければ、誰もがメンタリズムによって相手の心を読み解けるようになります。

「そんなこと言っても、『心を読む』なんて、そう簡単じゃないでしょ」――そんなツッコミが聞こえてきそうです。

でもご安心ください。

確かにメンタリズムは奥が深くて、様々な法則、理論、そして専門的な心理用語などがあります。しかし、みなさんが日々のビジネスで効果的に活用できる技術は、決して難しいものではありません。**非常に簡単なうえに、誰にでもすぐ身につくものばかり**です。

私は、「心を読んで人を動かす」メンタリズムの基本は、次に記した4つのポイントにあると考えています。

1．観察する
外見や言葉に現れたものから手掛かりを探る。

2．分析する
手掛かりをもとに、心理を読み解く。

3．信頼される
相手を理解し、信頼を勝ち取る。

4．誘導する
暗示を入れ、人を動かす。

それではまず、これらのポイントについて、少し説明しておきましょう。

メンタリズムの基本

①相手の言動を「観察する」

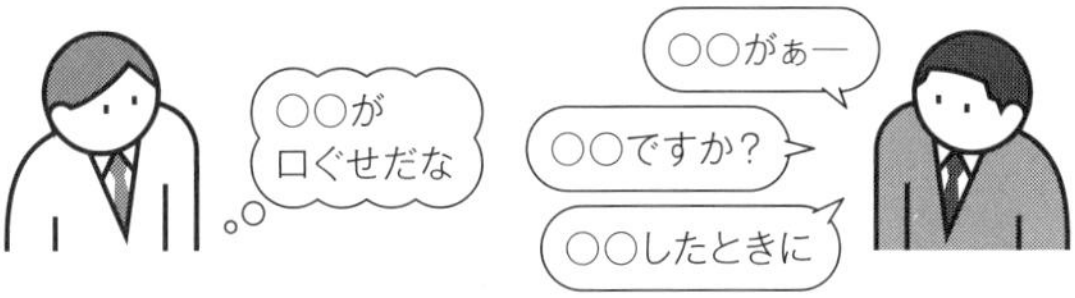

②相手の思考・心理を「分析する」

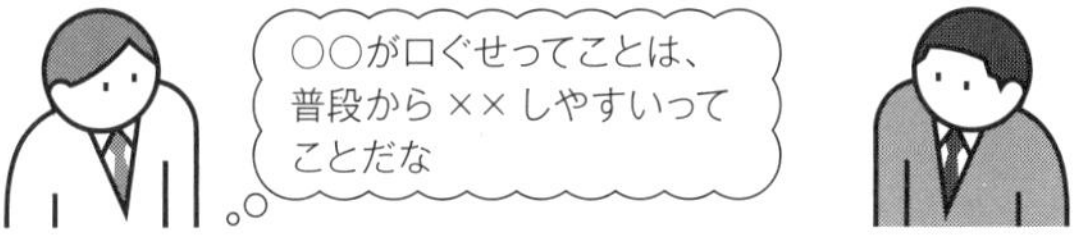

③相手から「信頼される」

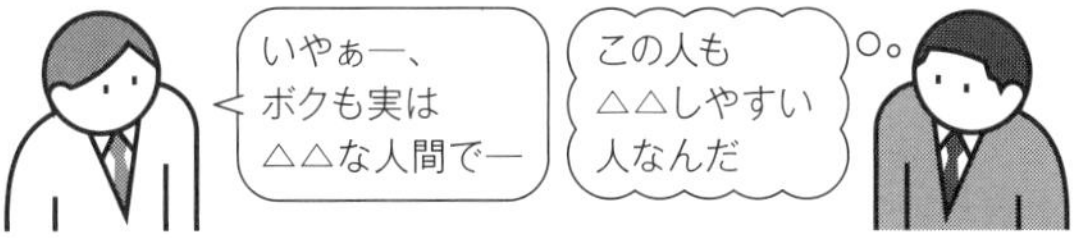

④相手を思い通りに「誘導する」

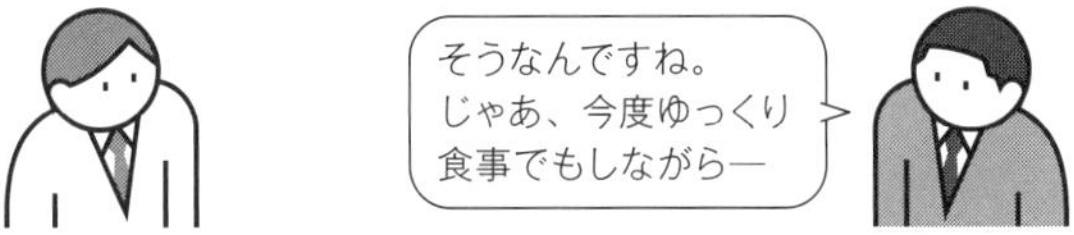

CHECK

**メンタリズムは、誰にでもできるうえ、
一度身に着いたら一生使える武器になる**

メンタリズムの基本1

観察する――見ているだけでは観察にならない

相手の心理状態を探るために何よりも大切なのが「観察する」ことです。

観察といってもその対象は様々です。例えば**相手の表情（目線や口の動きなど）、体の動き（姿勢や仕草《しぐさ》など）、言っていること（よく使う言葉や声のトーンなど）、また相手の持っているものや身につけているもの**も含まれます。

さらに言うと、相手の姿かたち、仕草を見るだけが観察ではありません。こちらの働きかけに対する反応もメンタリズムにおける重要な観察の対象になります。相手の表情や言動、反応などをつぶさにチェックして拾い上げ、それらを組み合わせて情報として最大限に活用しながら心を読んでいく。これがメンタリズムの基本です。

例えば顔の表情。

心の変化は目元と口元で判断できる

興味を示している
目線は
上下に動く
口は軽く
開いている
つまらないと思っている
目線は
左右に動く
口は固く
閉じている

CHECK

**会話中の相手の表情に注目。
心の変化は目と口に表れる**

相手が自分と話しているときの表情の変化を観察するだけで、その心理を読み取ることができます。

簡単な例を挙げると、こちらの話に**興味があって面白いと思っているとき、目線は上下に動き、口は軽く開きがちになります。逆に興味がなくてつまらないと、目線は左右にふらふら動き、口は左右に固く閉じられます。**

顔全体から見ればごくわずかな変化ですが、こうした変化を観察しておくだけでも相手の心理状態を把握することができるのです。

また、仕事の打ち合わせやカフェでの雑談時、同僚との飲み会などで、私はよくこんな「観察」をします。観察のターゲットは相手の持ち物です。

一緒にいる人がバッグから財布や携帯電話などを取り出すとき、**中がチラッと見えることがあります**。ここが見逃してはいけない観察ポイントです。

例えばバッグの中に、単行本の背表紙が見えることがあります。するとこの一瞬の観察で「相手が今、どんな本を読んでいるか」という情報を得られるわけです。

もし私もその本を読んでいたら、本の背表紙を確認してからしばらく時間を置いて、その相手にこんな会話を仕掛けていきます。

「そうそう、最近、メチャメチャ面白い本を読んだんですよ」

「へぇ、どんな本?」

「『△△』って本(もちろん相手の持っている本)ですけど、これ当たりですよ」

するとと当然相手は、

「ええ〜、それオレもまさに今、読んでるんだよ。ほら」

となります。この会話によって、私はその人に「自分と同じ感性を持っている人。同じジャンルの話ができる人」という印象を持ってもらえるわけです。バッグの隙間《すきま》から見えた本の背表紙を見逃さずに観察しておくだけで、相手との信頼関係の第一歩

「観察」するネタはどこにでも転がっている

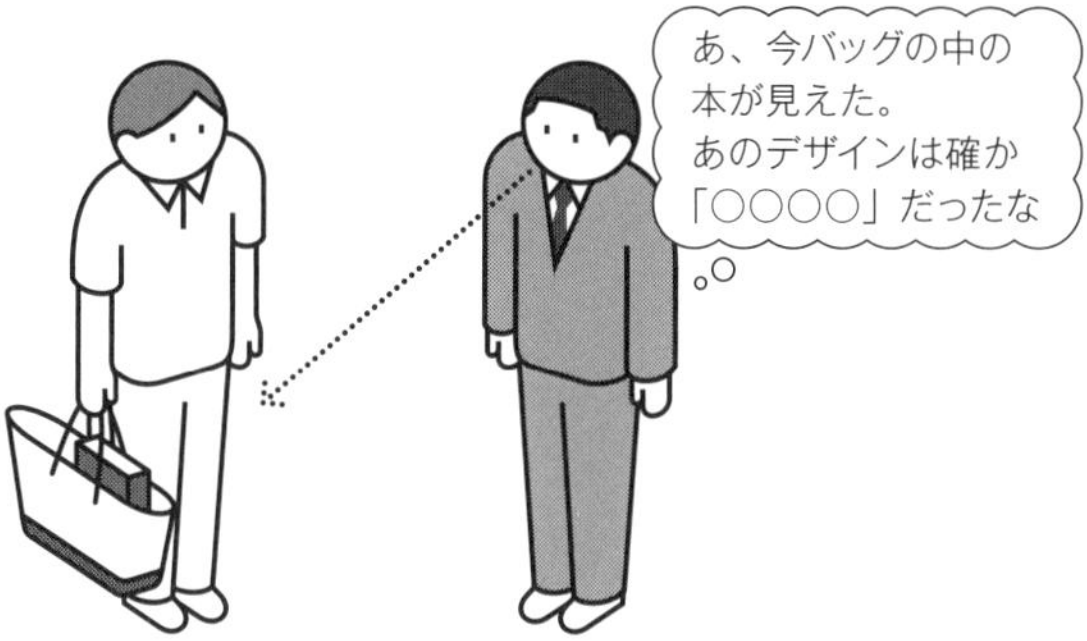

しばらくして

CHECK

相手のバッグの中身、使っているペン、
身に着けている小物。
すべてのものに「使えるネタ」が潜んでいる

を築くことができるのです。

ここでは本を例にしましたが、もちろん何でもかまいません。相手が使っているペンでもペットボトルのドリンクでも何でもいい。観察することが大事なのです。

また、**中身が見えてすぐに言わないのもポイント**。なぜなら、すぐに言ったら「今、バッグの中、見えたでしょ？」となる可能性が高くなってしまいます。これは事前に仕入れた情報を時間差で利用する『ホットリーディング』と呼ばれる話法に近いテクニックです。


また、私は紙とペンだけでできるようなパフォーマンスをするとき、自分で持っていても、あえてお客さんやその場にいる人から借りるようにしています。

「手帳の切れ端でもいいんですが、紙とボールペンをお借りできますか？」と。

するとその人は、やはりバッグを開けて手帳を取り出し、開いて紙を1枚破ってペンと一緒に差し出してくれます。

そうすることで「タネも仕掛けもない」という信憑性《しんぴょうせい》を植えつける意味もあるのですが、それ以上に、その人が持っているペンや手帳、さらにはバッグの中身などが観察できるというメリットがあります。

相手のバッグにはどんなものが入っているか、中は整理されているか、開いた手帳にはどのくらい予定が入っているか――これだけでも几帳面さや人間関係、社交性など、その人に関するかなりの情報を得ることができます。

もし、運よく手帳に挟んである名刺が見えたりしたらラッキーです。そこで見えた名刺はほとんどの場合、本人か、もしくは最近会ったばかりの人の名刺のはず。

名刺の形とかデザイン、文字の並びなどで、相手がどんな業種の人とつながっているか、お堅い仕事か、クリエイティブな仕事かなどもわかります。これで、その人が最近会った人の名前と業種を当てるというパフォーマンスができるわけです。

言ってしまえば、名刺を見たからわかっただけのこと。でもそこに観察という行為があったからこそパフォーマンスとして成立するのです。

人間は自分で思っている以上に、表情や言動、持ち物などに心理や感情をにじみ出させています。相手が無意識に表出させた心理情報をいかに観察して拾い上げることができるか。これがメンタリズムの第一歩です。

◆観察を「貯金」する

観察でもっとも重要なのは、ただ見ていてもダメということ。目に映っているだけでは観察したことになりません。

ここでひとつ面白い実験をしましょう。これは職場でも飲み会でも使えるのでぜひやってみてください。用意するのはメモ用紙とペンだけです。

まずテーブルの上に、腕時計をしているほうの手を、時計の表面が見えないように出してください。では始めましょう。

①まず、簡単でいいので、紙にあなたの腕時計の文字盤の絵を描いてください。

②次に、その文字盤の絵に、あなたの腕時計のメーカー名やブランド名を、実際に文字盤に書かれていた位置に書いてください。

そして書き終わったら、左手の腕時計を見て答え合わせをします。

あなたの「観察力」診断テスト

準備）メモ用紙とペンを用意してください。

①紙にあなたの腕時計の文字盤の絵を描いてください。

形は丸だっけ？
四角だっけ？
数字は
1、2、3……
I、II、III……？

②その絵の上に、時計のメーカー名やブランド名を実際に書かれている位置と同じところに書いてください。

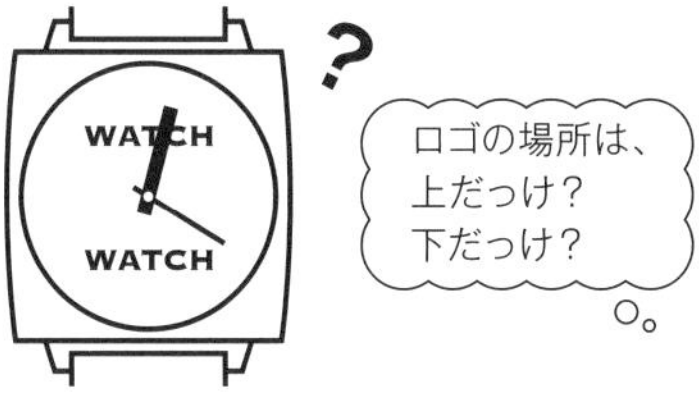
WATCH
WATCH
ロゴの場所は、
上だっけ？
下だっけ？

＼さあ、答え合わせをしてみましょう。／

CHECK **「見ている」と「観察する」はまるで違う**

どうですか？　これが意外に書けないのです。メーカー名は文字盤のどこに書いてあったかわからない。文字盤の数字は算用数字なのかギリシア数字なのか、ひどい人だと文字盤の形が丸か四角かすら、わからない。また、じゃあ答え合わせをしましょうと言った後、再度、「では今何時でしたか？」と聞いても、たった今時計を見たばかりなのに、だいたいの時間すらわからない――。

ビジネスパーソンなら、たいていの人は腕時計をしていて、しかも毎日何度も見ているはずです。それなのに書けない人が多い。つまり**観察とは、見ている回数ではなく、意識して見ているかどうか**なのです。

ぼんやり見るだけでは、人はその記憶をすぐに忘れてしまいます。そして逆に言えば、しっかりと意識して観察することで、得られる情報は大きく変わってきます。

また、**その情報をどう利用するか**という目的づけも重要です。

例えば取引先との打ち合わせが終わったあと、相手がしていたネクタイの色や柄を覚えている人はどれくらいいるでしょうか。おそらく、ほとんどの人は覚えていないでしょう。面と向かって話しているのだから見てはいる。でも観察していないのです。

しかし、それが当たり前。どんな人でも覚えようと思わなければ覚えられません。だからこそ、意識して覚えるようにしておく。**打ち合わせが終わったあと、手帳にメモしておくだけ**でいいのです。それが他の人たちと差がつくポイントになります。

私だったら、覚えておいて、次に会ったときに相手を褒《ほ》めるキラーアイテムとして使います。

相手のネクタイを褒めるのに、多くの人は「そのネクタイ、オシャレですね」と言いますが、それではあまりに普通すぎて相手の心に響きません。

でも私は、その人が前回していたネクタイを覚えています（打ち合わせの前に前回のメモを取り出すだけです）。だから、

「いつもオシャレですよね。今日のネクタイも素敵ですけど、この前されていたあの○○色の渋い感じのもすごくお似合いでしたよ」

という褒め方ができる。これが相手にグサッと刺さるわけです。そんな褒め方をされたことはないと。よく見ていてくれたなと。

相手を気持ちよくさせたうえに「こいつは観察力がある、できるヤツだな」という

仕事の評価にまでつながって、もしかしたら新しい仕事に発展するかもしれません。

ぼんやり見るだけでは、人はその記憶をすぐに忘れてしまいます。だから意識して観察する。観察で得た情報をどう使えばいいかを考えることが大事になります。

この例で言えば、「ネクタイの色柄を覚えておく」「次に会ったときに褒める材料にする」という観察行為が、良好な関係性を生み出しているのです。

繰り返しますが、観察はメンタリズムのすべての土台となる重要なポイントです。だからこそ、ただ見るだけ、目に映っているだけではダメ。意識して相手を見ることが重要なのです。

前述したように、会話をするときでも、ただなんとなく顔を見るのではなく、感情や心理が表れやすい口元や目を重点的に観察する。**その人の個性**や**嗜好**《しこう》が表れやすい部分、例えば、先に挙げたネクタイ、ペンや手帳などを覚えておく。私なら、他の人が気にしないような、そんな小さなところにも気を配ります。

観察すべき情報は誰にも平等に存在しています。大事なのは見る者が、観察する意識を持っているかどうかです。私もメンタリストになりたてのころから、常に意識的に人の目元を見て心を読む練習をしてきました。

無意識に表出させた情報を、こちらは意識して拾い上げる。そうした観察力を身につけることがメンタリズムの活用に不可欠だということを忘れないでください。

メンタリズムの基本2 分析する——手掛かりをもとに、心理を読み解く

観察はメンタリズムの第一歩ですが、あくまでも相手の情報を得るための行為。その情報から心理を読み解く「分析」がセットで行われなければ意味がありません。

では、情報を分析するとはどういうことでしょうか。


例えば、私は誰かと会話するとき、相手が好んで使う言葉や多用する単語を意識してチェックするようにしています。以前、某イベントに出演したときのこと。あるアナウンサーの方が司会をされていたのですが、その人はトークの中で「狙い」とか「目的」と言うのが一般的な部分に、なぜか「企《たくら》み」という単語を使っていたことに気づいたのです。

あのアナウンサーは**「目的を『企み』と表現する」**という情報から、私はこんな分析をしました。

企みという言葉には策略《さくりゃく》とか陰謀《いんぼう》といった負のイメージがあります。ならば、普段から何かを企もうと思っている人ではないのか。人を蹴落としてでも、という野心の持ち主ではないのか。計算高い人なのではないか——。様々な推理をめぐらせて、最終的に私が出した解釈は、この人は、自分が企むのではなく人から「企まれる」ことが多い人だろう。人に騙《だま》されたり、友だちに裏切られた経験があるのではないか——という解釈でした。そしてその分析は的中していたのです。

会話の中で相手がよく使う言葉、フレーズがあった。私たちはその情報からしか相手の心理を推測できません。

心の中身が素通しに見えているわけではありません。メンタリストは超能力者ではないので、心の中までは見えません。

でも**「心から出てくるもの」は見えます**。だから**それを見て、分析して、投げ返して、戻ってくる反応を見る**。

それらの一連の作業の中で、この人はこういう考え方なのではないか、こんな思考を持っているのではないかなどと推測していくわけです。

もうひとつ、面白い例を挙げましょう。

ある日、仕事で訪れたビルのエレベーター前で、降りてきた一組の若いご夫婦とすれ違いました。そのとき、「私も仕事が不規則だから、5羽も飼うのは大変よ」という奥さんの声が耳に入ったのです。その言葉が気になって、そこからそのご夫婦のことをいろいろと分析してみました。こちらが持っている情報は、奥さんの言葉のほかには、2人の服装や持ち物くらい。そのときの私の分析はこうでした。

●夫婦はウサギを3、4羽飼っている

ウサギだとわかったのは、すれ違った瞬間に、奥さんが「5羽も飼うのは大変」と言ったから。鳥を同時に5羽も飼う人は稀《まれ》。ならば「○羽」と数えるウサギではないか。ウサギは寂しがり屋で、数羽一緒に飼わないとストレスで死んでしまいます。だから今は3、4羽いてさらに増えたか、誰かからもらう話がある。5羽だと大変だと

知っているのは、前にもそれだけ飼った経験があるから。

●旦那さんはＩＴ系の仕事

仕事がわかったのはバッグの形から。大きめのノートパソコンが入るサイズののっぺりしたバッグ。あれにはいつもパソコンを入れてるはずだ。常に持ち歩かなきゃいけない仕事だろう。なのに服装はかなりカジュアルで腕時計もデジタル。多分、ＩＴ系か専門職じゃないか。

●奥さんは看護・介護系の仕事

「私も仕事が不規則」という言葉から夜間に働く仕事をしているのだろうと感じました。でもその割にメイクは派手でも濃くもないし、声がタバコを吸っている声ではなかった。水商売ではない夜間の仕事——ならば看護・介護系ではないか。

●子どもはいない

まだ若いし、お互いに不規則な仕事をしているなら、おそらく、子どもはまだいないか、いてもひとりっ子だろう。

●夫婦仲は円満

身を寄せ合わせざるを得ないような狭い空間から解放された直後に、お互いが保と

相手の会話、持ち物、体の距離で
職業や生活環境まで読み取ることができる

分析
夫婦とも20代半ばあたり。
まだ子どもはいないだろう。
いても1人

分析
メイクは派手でも濃くもない。
「仕事が不規則」なら
看護か介護の仕事

私も仕事が不規則だから
5羽も飼うのは大変よ

分析
カバンはノートパソコン
が入るサイズ。
服装はラフ。
ご主人の職業はIT系

分析
羽と数えるのは鳥かウサギ。
鳥を5羽も飼う人は稀だから、
きっと飼っているのはウサギ

分析
エレベーターを
降りても離れなかった。
つまり夫婦関係は良好

CHECK

**観察して得た情報を「分析」することで
使える情報になる。**

うとする物理的距離にはその人たちの関係性が表れます。関係がよくないとすぐに離れようとするもの。仲がよさそうに話していても、無意識にそうなるものなのです。でもエレベーターを降りた後も2人の距離はすごく近いままだから、夫婦関係は良好。と、こんな感じです。これは一種のプロファイリングといってもいいでしょう。

ただ観察しただけ（見るだけ）では、これらの情報もただの見えたものとして残るだけ。その先にはたどり着けません。一瞬に観察したことを分析したからこそ、ここまで人物像が分析できたのです。

分析はとても重要です。もちろんビジネスシーンでも同様です。

プレゼンの席でこちらが提案したとき、相手がつまらなそうな顔をした、少し微妙な反応をした。顔を見ていれば誰でもそこで、「あれ、手応えがないな」「気に入らないみたいだな」くらいはわかります。ただ、多くの人はそこで終わってしまう。

それではダメなのです。せっかく観察した相手の表情や仕草、反応や会話の内容などから、「なぜつまらなそうな態度をとったのか」「それはどういうサインなのか」をもっと深く分析することで、〝その先〟が生まれてくるのです。「あれ、手応えがないな」と思ったら、具体的な質問をひとつしてみるのも手。答えがあいまいかどうかで相手が興味を持っているか、それともまったく脈がないのかがわかります。逆に、**興味を示す答えが返ってきたら、そのときの話題やワードを繰り返し、プレゼンの勝利を勝ち取ることも可能**なのです。

観察したら分析をする。そういう習慣を身につけてください。

メンタリズムの基本3 信頼させる——相手を理解し、信頼を勝ち取る

「あなただから打ち明けるんだけど〜」「君だから話すけど〜」——人は誰でもこう言われると嬉しいもの。それは「この人には個人的なこと、大事なことを話してもいいと思われている」と感じるからです。言葉を変えれば「信頼されている」と感じるから。こうした人間の心理を上手に活用することは、メンタリズムに不可欠です。信頼されること、もっと言えば「信頼してもらうこと」「親近感を抱かせること」こそが相手を思い通りに動かす、誘導するための大きなポイントとなります。

そのための有効な手法のひとつが、**会話における「打ち明けること」**です。それもこちらから「先に打ち明ける」。とくに初対面の相手、それも口数の少ない、無口なタイプの場合には、より効果を発します。

相手よりも先に、自分が自分のことを話す。つまり自己開示するということです。初対面で個人的なことを話してくれたという事実によって、「この人は信用に足《た》る人だ、信頼できる人だ」という心理を引き出すのです。

さらに人は、自分より先に個人情報などのプライベートを明かされると、無意識の交換条件のように「こちらからも話さなきゃ、何だか悪いな」と思い始めます。

その結果、相手も少しずつ個人的なことを話してくれるようになります。すると今度は相手に「こんなに個人的なことを話しているのだから、私はこの人を信頼しているんだ」という心理が生まれてくるのです。後ほど詳しくご説明しますが、これは心理学用語で『認知的不協和』と呼ばれる現象です。

心理学、メンタリズムにおける自己開示は、言わば相手の話や情報を引き出すための「誘い水」です。そして「信頼してくれたから、こちらも信頼する」「相手が心を

心を開かせるためにはまず
自分のプライベートをどんどん話そう

こんなに個人的なことを話してもらっているから、私も話さなきゃ
ボクには兄弟が3人もいてねー
実家は○○県の海の近くでー
大学は○○大学の○○学部に通ってたんですよー

無意識の交換条件のように自分も話さなければと思いはじめる。結果、「こんなに話しているのは、私がこの人を信頼しているから」と思う。

|| イコール

「認知的不協和」

CHECK

個人的なことを聞き出せば聞き出すほど「相手の信頼」を得られる

開いてくれたから、こちらも心を開く」という心理にさせる切り札でもあります。

ですから極端なことを言えば、開示する自分の話は本当のことでなくてもかまいません。「あなたに心を開いている」という印象を持ってもらうことが大切なのです。

◆親しくなれば、信頼される

偶然、同じタイミングでネクタイを直した。

偶然、同じタイミングで頭をかいた。

偶然、同じタイミングでくしゃみをした……。

そしてお互いに顔を見合わせ、思わず笑いがこみ上げる――。こうした経験がある人は多いと思います。相手との親近感や信頼関係のことを心理学用語で『ラポール』と呼ぶのですが、私たちは、自分と同じ仕草や動作を行う相手に対して、そのラポールを抱きやすいものなのです。

つまり人は、自分の動きをマネしたり模倣《もほう》したりする行為を、「自分への好意の表れであり、ラポールの成立」だと心理的に認識するということ。

こうした心理現象を活用して意識的にラポールを成立させ、人間関係を良好に保とうとするテクニックを『マッチング』、もしくは『ミラーリング』と言います。心理学の本や恋愛本などにもよく登場する方法なので、耳にしたことがある人も多いのではないでしょうか。

この方法は、あなたが親しくなりたい人や信頼関係を結びたいと思っている人の動きをマネる。それだけです。何も難しいことはありません。誰にでもすぐに実践できるテクニックです。

打ち合わせのときに相手がお茶を飲んだら、ワンテンポ遅れて自分もお茶を飲む。相手が足を組んだら、自分も足を組む。ネクタイを直したら、自分もネクタイを直す――。ほら、簡単でしょう。

注意すべき点はひとつだけ。それは、**「相手にマネていることを悟られない」ということ**です。

マッチングは相手の潜在意識に働きかけることで初めて成立するもの。あからさまにマネてしまっては、「ふざけてるのか、君は？」となりかねません。あくまでも自然に、相手にバレないように動きや仕草を合わせていくことに意味があるのです。

また、完全に正確に同じ動きをするよりも、**相手が右手にコップを持ったら自分は左手に持つなど、自分が相手にとって鏡に映った姿になるように左右対称にマネると、よりラポールが作りやすくなります**。このようにコップやグラスなど飲みもので同じ動きをするのは、相手にバレにくいうえ、自然に取り入れられるのでオススメです。

さらに相手の言葉の一部をさりげなく復唱するといった「言葉」を合わせる方法、相手の息継ぎに合わせて軽くうなずいて相づちを打つといった「呼吸」を合わせる方法、相手が持っているのと同じ物を持つ方法などもマッチングのひとつです。

そうしたマッチングを行ってラポールが形成され始めると、面白いもので今度は相手がこちらの動きや仕草を少しずつマネるようになってきます。もちろん相手は自分では気づかず、無意識のうちに動きを合わせているのです。

そしてこの現象が起こったとき、**相手はこちらのことを「この人とは何だかフィーリングが合う」と思う**のです。

親しい仲間であり、信頼できる味方だと認識させるために、相手の動きや仕草をマネる。誰にでもできるマッチングは、すぐにでも試してみる価値ありです。

相手に親近感を抱かせるテクニック

マッチング（ミラーリング）

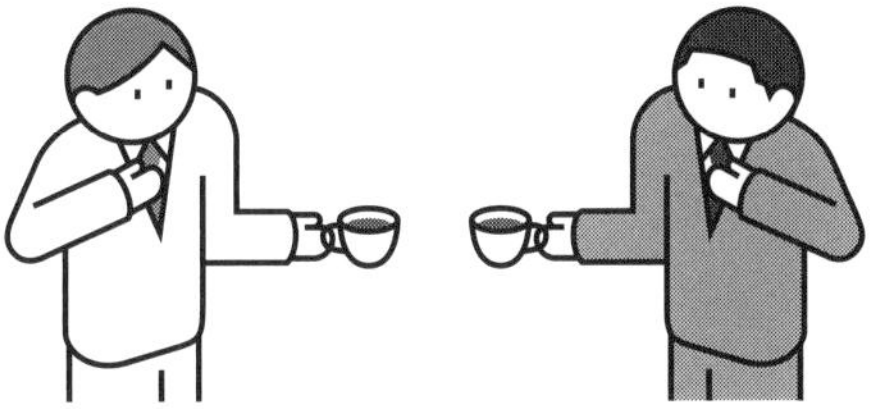

まるで
鏡に映っている
かのように相手の動きを
マネしていく

↓

相手は
無意識のうちに
「この人とはフィーリングが合う」
と思う

□相手がコーヒーを飲んだら
⇒ワンテンポ遅れて自分も飲む

□相手が足を組んだら
⇒自分も足を組む

□相手がネクタイを直したら
⇒自分も直す

□相手が○○と言ったら
⇒自分もさりげなく○○と復唱する

□相手が息継ぎをしたら
⇒自分は軽く相づちを打つ

CHECK

**相手の行動をマネると、
人は「なんだかフィーリングが合うな」と
思い親近感を持つ**

メンタリズムの基本4

誘導する——暗示を入れ、人を動かす

観察し、分析し、心を開かせて信頼関係を築けたら、いよいよ相手をこちらの思ったように誘導する、相手を思い通りにコントロールするというステップになります。

「悪いね、なんか催促したみたいで」というフレーズを聞いたことがありませんか？

目の前で友だちがおいしそうなピザを食べています。あなたはそこに近づいて、

「お、ウマそうなピザ食べてるな。オレ、昼メシ食べ損ねて腹ペコなんだよなぁ」

すると友だちは、

「そうなんだ、少し食べるかい？」

と言って分けてくれるでしょう。そこでこのセリフです。

「悪いね、なんか催促したみたいで——」

この場合、結果として催促してはいるのですが、あなたは「ひと口くれ」とはひと言も言っていません。あなたの会話を聞いて、友だちが自発的にくれただけです。

また、「なんだか暑い部屋だな」とシャツの袖《そで》をまくると、相手は「エアコンをつけましょうか」と言って、リモコンのスイッチを入れるでしょう。これも同じこと。あなたはひと言も「エアコンをつけてほしい」とは言っていません。

つまり相手に直接的な命令をすることなく、あくまでも自発的にこちらのしてほしい行動を起こさせています。これはアメリカの精神科医、ミルトン・エリクソン博士が行った誘導方法のひとつで、これが**メンタリズムにおける「思い通りに相手を動かす誘導」の基本**なのです。

このように、相手の誘導やコントロールでもっとも重要なのは、「相手が無意識のうちに」「相手が気づいていないまま」行うということ。

こちらからの心理的働きかけによって、**相手があたかも「自分で選んだ」「自分自身の意志で行った」と思わせなければなりません**。相手が働きかけに気づいてしまったら、その時点で誘導やコントロールは不可能になります。

それを可能にするのが『暗示』です。つまり、メンタリズムにおける相手の誘導、相手のコントロールとは、イコール、暗示のことなのです。

ではどうすれば相手に暗示をかけることができるのか。そこには人間心理に基づいた科学としてのメンタリズムの技術があります。

その代表的なものが『マーキング』といって「相手に伝えたい情報を強調したり、変化をつける」技術です。

そしてマーキングの方法としてもっとも簡単なのが、話し方によって言葉を強調する『アナログマーキング』。会話に出てくる特定の言葉を強調し、そうすることで相手の無意識に働きかけ、イメージを暗示的に埋め込み、無意識を操って相手の行動を誘導するテクニックです。

例えば会話をしながら特定の言葉のときだけ声の大きさを変えてみましょう。**それまでより少しでも声が大きくなると、聞く人は無意識にその差を感じ取り、印象に残ります**。

逆に少しでも声が小さくなると、話が聞き取りにくくなる分だけ、人は「何だろう?」と思って積極的に聞こうとするものです。声のトーンや話すスピードの変化にしても同じことが言えます。こうした強調によって相手の心に暗示を埋め込んでいくのです。

また特定の言葉を多用する、表現を少しずつ変えながら何度も繰り返すのも強調テクニックのひとつです。

例えば――

> こちらの新アイテムは大好評でお問い合わせも多く、すでに累計○○台以上も**お買い上げ**いただき、**お買い上げ**後も「**買ってよかった**」という声が数多く寄せられています。ご自宅用に**購入**するほか、プレゼント用に**買った**というお客様も多く、2台**買い**したというケースも少なくありません。

この短いセールストークの中に「買う」という意味の単語が表現を変えて6回も登場しているのがわかるでしょう。

さらに声の変化に加えて仕草や動作、表情なども合わせれば、より一層強調しやすくなります。グッと身を乗り出して話されると、その部分の話は強く印象に残るでしょう。

また、直接的な言葉ではなくイメージを印象付ける、会話の中に植え付けたいイメージを連想させる言葉を盛り込むのもアナログマーキング手法のひとつです。

例えばプレゼンなどで先方に決断してほしいときに、

今回提案したイベントでは従来の**決まりきった**アイデアを払拭しています。前回との**決定的な**違いは導入です。冒頭からナレーションで核心の**決め**セリフを明かしてしまう、これまでの**お決まり**パターンとは一線を画した展開になること請け合いです。


直接的な「決断」という意味ではありませんが、音的にも「決める」を連想させる単語を織り込むことで、相手に決断するイメージを伝えています。

一見普通の会話をしながら、そこに潜在的なメッセージを埋め込んで、特定の方向に人の無意識を導くアナログマーキング。このテクニックは打ち合わせやプレゼン、取引や交渉などの場はもちろん、サービス業や販売業など接客をメインとしたビジネスシーンでも大いに活用できます。

またマーキングは会話に限らず、企画書やレジュメ、提案書などの書類における文章作成でも活用できます。**企画書の中で特定の言葉を多用したり、表現を変えて繰り返すことで強調し、相手に伝えたい情報を暗示として埋め込んで「イエス」と言わせることができる**のです（本書中で後述しています）。

無意識に暗示を植えつけて、それと気づかれないままに相手の心と行動をコントロールする。マーキングはビジネスシーンにおいても非常に使い勝手のいいメンタリズム技術だと言えるでしょう。

自分を変えたい、変わりたいと思っている人へ

私は小学生の頃、いじめられっ子でした。そして、自分のその境遇が一日も早く変わってほしいと願っていました。

でも最初はなかなかうまくいきません。なぜなら、他力本願だったからです。

私は当時、周りの世界が変わるのをずっと待っていたのです。

いつかクラス替えがあれば、仲のいい友だちができるんじゃないか。クラス替えがあれば先生も代わるんじゃないか。中学校に上がったら、いじめっ子はいなくなるんじゃないか。今度は誰かが助けてくれるんじゃないか。いつかどこかから自分を救ってくれる誰かが現れるんじゃないか——。

でも結局8年近く待ったけれど、状況はそのまま。友だちも増えなければ、誰も助けに来ない、世界は何も変わりませんでした。

そんなある日、初めていじめっ子に自分からやり返しました。確か、親の悪口を言われて、思わず手近にあったナタを投げてしまったんです。幸運にも相手には当たらず、大事には至りませんでしたが。

その後、何日か学校を休み、数日後に登校したら、周りの見る目が変わっていました。「アイツ、危ねえよ」「本気で怒るとヤバイ」と。当然です、ナタを投げたのですから。

もちろん、行為だけを見れば、いくら頭に来たからといってナタなんて投げるべきではありませんでした。ひとつ間違えたら大変なことになっていたのですから。

こんな話をすると、「ナタを投げるようなヤツの話は聞きたくない」という人もいるかもしれません。

しかし、私は今でも、「あのとき投げてよかった」と思っています。自分自身にとってよかったと。なぜなら、ナタを投げたことによって気がついたんです。

自分が行動を起こしたことで、こんなにも簡単に世界は変わるんだ、と。

ならば、今までの自分を変えてやろう、なりたい自分になってやろう、行動して自分の周りの世界を変えていこうと決心したのです。

そして、自分で嫌だと思っていた自分の特徴をすべて紙に書き出して、それをすべて逆にしていきました。

「眼鏡」「成績が悪い」「太っている」「天然パーマ」などと書いたら、眼鏡をやめてコンタクトレンズにし、一生懸命勉強をして学年で3番になり、朝のランニングを始めて体重を絞り、美容院に行ってストレートパーマをかけて――。まず具体的な行動を起こしました。すると不思議なもので**行動することがポジティブな考え方を生み、自分に自信さえ生まれてきました。**そして**結果として、自分も、周囲の評価も、すべてが変わっていった**のです。

自分は今のままでいいのか。今の仕事は自分に向いているか。自分を変えたい。自分は何になりたいのか――。本書の読者の方々、とくに20代、30代ぐらいの人たちは、いろいろと悩みが多い世代だと思います。もちろん私だって、今でも悩みだらけです。

でも大丈夫。引っ込み思案でいじめられっ子だった私だって変われました。

変わりたいという思いと、まず行動するというほんの少しの勇気があれば、私もみなさんも、誰でもきっと変われるはず。そう思っています。

第2章

手ごわい相手の「YES」を引き出す心理戦略

商談・交渉の前に結果は9割決まっている

ビジネスにおいて避けて通れないのが、プレゼンや商談といった先方との交渉事です。これは相手の心を読み、動かすという意味で、メンタリストの得意分野と言えるでしょう。私自身、テレビに出たり、企業研修を売り込むために、これまでたくさんの交渉、商談を経てきました。結果、冒頭でも言った通り、コネもなく、大手芸能事務所に所属していないにもかかわらず、テレビに出続けられたり、企業の研修に声をかけられたりしているのです。

そんな私が考えるメンタリズム的交渉の極意をひと言で言うなら、**「交渉事は〝始まる前〟から始まっている」**ということです。

始まる前から始まる――おかしな表現ですが、これはつまり、オフィシャルな交渉のテーブルに着く前、相手とビジネスの話を始める前段階が、非常に重要だということです。

交渉の前にしておくべき重要なこととは、交渉相手となる人物との距離（心の距離）をできる限り縮めておくことです。とくに初めて仕事をする相手であればなおさらでしょう。

例えば、私が制作会社の方などと仕事の打ち合わせをする際によく使ったのが、**近くまで迎えに来てもらう**という方法です。

まず、最寄りの駅から相手の方に電話を入れて「駅から御社までの道がちょっとわからなくて」と言います。この場合、ほとんどの相手は、「忙しいから自分で来い」とは言いません。だいたいの場合、最寄り駅まで迎えに来てくださいます。

勝負はここからです。そう、会議室に入って商談を始める前のこの「駅から会議室」までの間で、商談の9割が終わると言っていいでしょう。

そのたった5分、10分の間で何をするのか。それは、駅から先方の会社に行くまでの間の会話を通じて、相手の個人的な情報をひと通り聞き出すのです。

ポイントは、ここで**その日の商談や交渉に関する話を一切しない**ということ。極端な話、ビジネスから離れていれば離れているほどいい、ともいえます。

なぜなら、ここで得た情報は、交渉の席で使うものではないからです。目的はビジネス的な交渉の内容を把握することではなく、相手の趣味嗜好や性格、思考パターンといった個人的な情報を聞きだすことにあります。

さらに言えば、個人の情報を知ることさえも本当の目的ではありません。目的は知ることではなく話させること、相手とプライベートな会話ができる仲になることです。**ビジネスを抜きにしたところで、どのくらい個人同士として心の距離を縮められるか、それが大事であり、ゆえに、そこからすでに交渉は始まっている**ということになるのです。

この例では、最寄り駅から相手のオフィスまでの移動時間が〝交渉の前〟になります。このときに、いかにオフィシャルな場を、プライベートな場にできるかが重要なのです。

ですから私はオフィスまで歩く間、趣味の話やよく行くお店の話、家族構成の話など、自分から相手に個人的な話をバンバン振るようにしています。

とはいえ一般のビジネスマンにとって、先方に「迎えに来てくれ」とは言いにくい、という声も当然あるでしょう。そんな失礼なことはできないと。

確かに私がこういう話を友人たちにすると、「おまえはテレビに出ている有名人だから、迎えに来てもらえるんだろ」とよく言われます。

そんなとき私はこう答えています。

「それなら、自分が相手を迎えに行けばいいって考えたらどう？」と。

つまり自分の会社で商談や打ち合わせがあって相手に来てもらう際に、こちらから迎えに出ればいいのです。

誰かの技術や経験はそのまま使うのではなく、自分の状況や環境に合わせてアレンジする。「一般化された知」は「パーソナライズ」して利用することが大事です。

駅からすぐに見えるビルであっても、そこは方便《ほうべん》です。「弊社はちょっとわかりにくい場所にあるので、近くまで迎えにあがります」と言って迎えに出向き、会社に案内するまでの道すがら、相手がまだ仕事モードではないときに会話をすればいい。ひっくり返して考えれば十分に使えるうえに、「わざわざ迎えに出てくれるなんて、気の利く人だ」という好印象まで与えることができます。まさに一石二鳥！

あなたの会社が大きなオフィスビルの10階や20階にあるなら、1階や2階の総合受付まで迎えに行ってエレベーターの中で会話をしてもいいでしょう。

初対面で最初から個人的な会話をするのが難しければ、交渉が終わってから仲良くなるというのもひとつの方法です。

気を張って行った交渉が終わった後は、誰しも緊張感が緩《ゆる》むものです。そのタイミングで交渉とは関係のないプライベートに近い雑談を交わしておく。この段階ではお互いにまったくの初対面ではないので、交渉前の会話よりもずっとハードルは下がるはずです。

それも難しければ、社に戻ってから、お礼を兼ねたメールを打ってもいいでしょう。そこでも何気なくプライベートを引き出すような話題に触れておくのです。

1回目で打ち解けられない場合は、次回のために布石《ふせき》を打っておく。終わりがよければ、次の交渉の雰囲気も格段によくなります。

「交渉は始まる前から始まっている」と述べましたが、終わった後も大事。**交渉が終わった後とは、「次の交渉が始まる前」でもある**のです。

メンタリズムポイント　信頼関係は交渉前に作るもの

大事なのは、迎えに来てもらうことや迎えに行くことではなく、**ビジネスの話をする前に、相手と2人きりで、オフィシャルではない空間でプライベートな会話を共有する**ということです。そうすることで相手との親密度を高め、さらには相手の情報を知ることもできます。

人の心理は環境によって左右されます。ですから**「仕事」を連想させない場所や状況下では、人は仕事モードになりにくくなります**。そんなときこそ、心の距離を縮めて親しくなる絶好のチャンスなのです。

相手の本音を引き出す暗示

初対面の相手と心の距離を縮めるために、オフィシャルではない空間でプライベートな会話をすることが非常に有効だというのは前項でお話ししたとおりです。

ただそこでひとつ大きな問題となるのが、その会話そのものをどうやって成立させるか、でしょう。いくらプライベートな会話をしたい、個人的な話を聞き出したいと思っても、初対面の相手にいきなりではハードルが高いのも事実です。

ここで、使えるのが、「相手を誘導する」テクニックです。自分が聞きたいことを相手に話してもらう、話させるためにはどうしたらいいのか。

ひとつ非常に簡単で、非常に有効な方法があります。

それは、**自分が聞きたいことは、まず自分から話すということ**。それだけ？　と思うでしょう。そう、それだけです。これなら誰にでもできると思いませんか。

例えば相手の兄弟のことを聞きたい、話題にしたいとしましょう。しかし、だいたいの人はこういう場合、「○○さんには男の兄弟がいらっしゃるんですか？」などと相手に質問をしてしまいがちです。こう聞かれると相手は例外なく警戒します。「なんでそんなことを質問するんだろう？」と。

でも私なら逆。「僕には○歳上の兄貴がいるんですよ。その兄が実は――」と、必ず最初は自分から、自分の兄弟の話をします。

まず私から兄弟の話をしたことによって相手は、

「今この場（空間）は兄弟についての話をする場なんだ」

という暗示にかかり、次は自ら兄弟の話をしてくれるようになるのです。「兄弟」

聞きたいことを上手に聞き出す方法

ポイント

「〜ですか？」「〜なの？」などのように、質問攻めにしない

今は兄弟の話をしたほうがいいんだな
ボクには○歳年上のアニキがいるんですよ〜。そのアニキが実は—

聞きたいことは自分から話す。
たったこれだけで相手の警戒心がなくなる！

CHECK

交渉・商談はメンタリズムを最大限に活用できる場所。「誘導」＋「暗示」の効果で、相手の警戒心が解ければ成功

メンタリズムポイント

自己開示が相手の本音を引き出す

という話題をテーブルに乗せているのに、いきなり昨日の夕食のことを話し出す人はまずいないはずです。兄弟の話を聞き出したければ、まず自分の兄弟の話をする。それによって相手に「今ここでは兄弟の話をしましょう」という**暗示をかけて、相手の話題を制限している**のです。

例えば私なら、イベントの打ち合わせなどで先方のＰＲ会社の予算ラインを知るために、「ボクも何冊か本を出してますけど、予算が厳しくてＰＲ費が絞られてるんですよ～」などとこちらから話を振ります。すると「いや、最近はウチもねぇ。この前も〇〇万円で仕切らされて大変だったよ」「去年の半分しか予算がないって言われてさ」など、予算の目安が想像できそうな本音の情報を話してくれるものです。

さらに、こちらから先に自己開示することで、相手の警戒心を抑制するという効果もあります。向こうが兄弟の話というごくごく個人的な情報を教えてくれているのだから、こっちも話したって大丈夫だろう、と考えやすくなるのです。

これが最初から「兄弟はいますか？」「休日は何をしてるんですか？」「普段はどの

辺りに飲みに行くんですか?」などと質問攻めにすると、多くの場合、相手は警戒して心を閉じてしまいます。「何で初対面のあなたに、そんな個人的なことを話さなければいけないの?」という感情になってしまうわけです。

ですから**相手の警戒心を解くためにも、自分から先に話すこと。相手に開示してもらいたい情報があるのなら、まず自己開示することが先決**です。

「失敗」は信頼を勝ち取る最強の武器

自分から先に情報を明かす——この方法は、相手の情報を知りたいときだけでなく、別のケースにも応用できます。

例えば交渉で、相手に明かしたくないことや隠したいことがある場合。そのときも、あえて自分から先にその情報を明かしてしまうほうがいいということです。

新製品や新規企画をプレゼンするときは、**製品や企画に欠点や改善すべき点、マイナス評価になりそうなデメリットがあるなら、それらを最初に伝えてしまいます**。もちろん、相手からツッコまれる前に。そのほうが間違いなく〝お得〟です。

この方法は、メリットとデメリットの両方を包み隠さずに打ち明けるほうが相手への説得効果が高いとされる『両面提示』という考え方に基づいています。

例えば家電量販店で、高価格のテレビを前に店員から、

「このテレビは〇〇の機能があって、△△ができて、××まで可能で――」

といいところばかりを聞かされると、人はつい、

「本当？　同じクラスでもう少し安いのもあるんじゃないの？」

「不必要な機能が多すぎるんじゃないの？」

などと勘ぐって、物申したくなってしまう。連呼されたメリットの〝裏側〟を疑ってしまうものです。

デメリットを聞かされずにメリットだけを連呼されると、人はその情報に疑念《ぎねん》や猜《さい》疑心《ぎしん》を抱きます。なぜなら、マイナスポイントやデメリットに関する情報を明かさない姿勢、できれば隠したいという姿勢から、敏感に嘘や不誠実さを感じ取るからです。

だからこそ逆に、最初にデメリットの情報をオープンにすることが、何よりも**「誠実さ」の大きなアピール**になります。本来なら隠したいくらいのマイナスポイントを先に明かすことによって、**「正直で誠実な人だ」と思ってもらえる**わけです。

誠実さが相手に伝われば、それは「信頼」に変わり、「価格が高い」といったデメリットも、「高いのには高いなりの理由がある」という納得の材料にもなり得ます。

初対面で交渉に臨む場合、また販売員の方などは、最初の数分で信頼してもらわなければ結果に結びつきません。その信頼を勝ち取るために、こちらのマイナスをも相手の中でプラスに転じさせるというメンタリズム的テクニックが効果を発するのです。

また、デメリットを明かすにはタイミングも重要です。例えば、

①「この製品は処理速度が格段に上がり、ディスプレイも色鮮やかになり、操作感も向上しています。**でも従来品よりバッテリーの減りが早くなりました**」

と言う場合と、

②「この製品は**従来品よりバッテリーの減りが早くなってしまいました。でも**処理速度が数倍アップし、ディスプレイも色鮮やかになりました。操作感も向上しています」

と説明するのでは、内容は同じでも、相手に与える心証が格段に違ってきます。

メンタリズムポイント

欠点を先に伝えることで信頼を得られる

前者は本来なら隠したかったデメリットを、言い訳のように付け加えたという印象になります。ここではデメリットは単なる欠点、弱点でしかありません。

一方、後者は、先にデメリットを明かすことが誠実さのアピールになり、さらに、後に語られるメリットの説得力を増しているようにも感じられるでしょう。

そしてこの場合は、**後から入った情報のほうが記憶に残りやすいという人間の脳の特性（新近効果）**もプラスに働いています。

情報というのは提示する順番によって、その働きや価値が大きく変わります。隠したいデメリットや弱点も、使い方次第で相手からの信頼を得るための、そして本来プッシュしたいメリットを引き立て、リアリティを増すための最強の武器になります。

さらに、マイナスポイントを先に伝えることで誠実さをアピールするという方法には、もうひとつのメンタリズム的なメカニズムが関係しています。

個人差はあるものの、人には〝反発心〟があります。自分に向けて発せられた情報に対して、人は多少なりとも反論しようとしたり、反発を覚えるものなのです。

これは『心理的リアクタンス』と呼ばれています。

欠点は先に伝えることで強みに逆転できる

処理速度が速くなっても
バッテリーの減りが
早いんじゃ……
この製品は処理速度が格段に上がり
ディスプレイも色鮮やかになりました。
でも、従来品よりバッテリーの減りが
早くなりました
✕
欠点を隠すために、
メリットを最初に並べる。
卑怯な印象

処理速度が上がったんなら
バッテリーはしょうがないな。
この製品は**従来品よりバッテリーの**
減りが早くなりました。でも処理速度が
数倍アップして、ディスプレイも
色鮮やかになりました
○
欠点を先に言うことで
後のメリットが際立つ。
誠実な印象

CHECK

弱点、デメリットは先に言うことで、
相手の心証を180度変えることができる。

実は、隠したいマイナスポイントを先に明かす方法は、こうした**人間の反発心を逆手にとって利用するため**の方法でもあるのです。

あえて先にマイナスとなる情報を伝えると、相手はその情報に対して反発します。するとどうなるか――マイナスの反対（反発）はプラスになる、マイナス情報がプラス評価になる、つまり信用につながるというわけです。

マイナスを言うことによって、「正直な人だな」と思わせ、信頼させる。その底辺には反発心を利用するというメンタリズムのメカニズムが存在しているのです。

名刺を交換するだけで相手の心は読める!?

初対面の人に名刺を渡す――ビジネスでは頻繁《ひんぱん》に見られる光景です。

巷《ちまた》のビジネス本では、「名刺を渡すときは両手で」とか「いただいた名刺は机の上に置いておく」などのマナーが紹介されています。ビジネスパーソンの方なら、これらの情報は基本のキでしょう。今さら、名刺交換についてなんて……と思うかもしれませんが、**実はこの名刺交換こそ、相手の心を探り、心の距離を縮めて関係性を作り**

出す大きなチャンスです。

私もパフォーマンスだけでなく企業講演などをやらせていただくようになって、初対面の方と名刺交換をする機会が多くなりました。

名刺交換をするときに私が必ず試みるのが、相手に思い切り近づくという行動です。「メンタリストのＤａ．ｉＧｏです」と言いながら、相手の近くにグンと近寄っていって名刺を交換します。

肝心なのは、**思い切り近づく**ということ。

そしてここで観察しなければいけないのは、名刺交換した後の相手の行動です。名刺を渡して「よろしくお願いします」となった後、相手が近くなった距離のままその場に留まるのか、それとも一歩下がるのかを見るのです。

こちらから近づいても抵抗なくその場に留まっている人は、心のバリアが薄く、短時間でも心を許しやすいタイプです。

逆に名刺を交換するときに一瞬近づいても、その後また後ろに下がってある程度の距離を保とうとする人は、警戒心が強く、心に壁を作りやすいタイプ。

一回近づいたのになぜ下がるのか、それは相手との距離にストレスを感じるからです。すごく近い距離で抵抗なくいられるほどまでは、まだ相手のことを信用していない、相手に心を開いてないから下がって距離をとろうとするわけです。

さらにもう一点。私が注目するのは体の重心です。一歩下がらないまでも、こちらが近づいた瞬間に体の重心が背中側に移ってしまう人。これも警戒心を抱いているという証拠です。

つまり**相手との物理的な距離とは、イコール、相手との心の距離**なのです。

もし自分から極端に近づくことに抵抗のある人は、名刺交換をするときになるべく自分からは動かず、相手の出方を観察してもいいでしょう。向こうから近づいてくる人か、一定の距離を保とうとする人かがわかります。また、名刺交換に限らず何かを受け渡しする場面でも同様に心の距離を測ることが可能です。例えばプレゼンでのレ

名刺交換したときの体の距離
＝《イコール》あなたへの心の距離

挨拶しながら
グンと近くまで行く
心のバリアが薄く、
短時間でも心を
許しやすい人。
メンタリストの
DaiGoです
名刺交換してもそのままの距離を保つ人

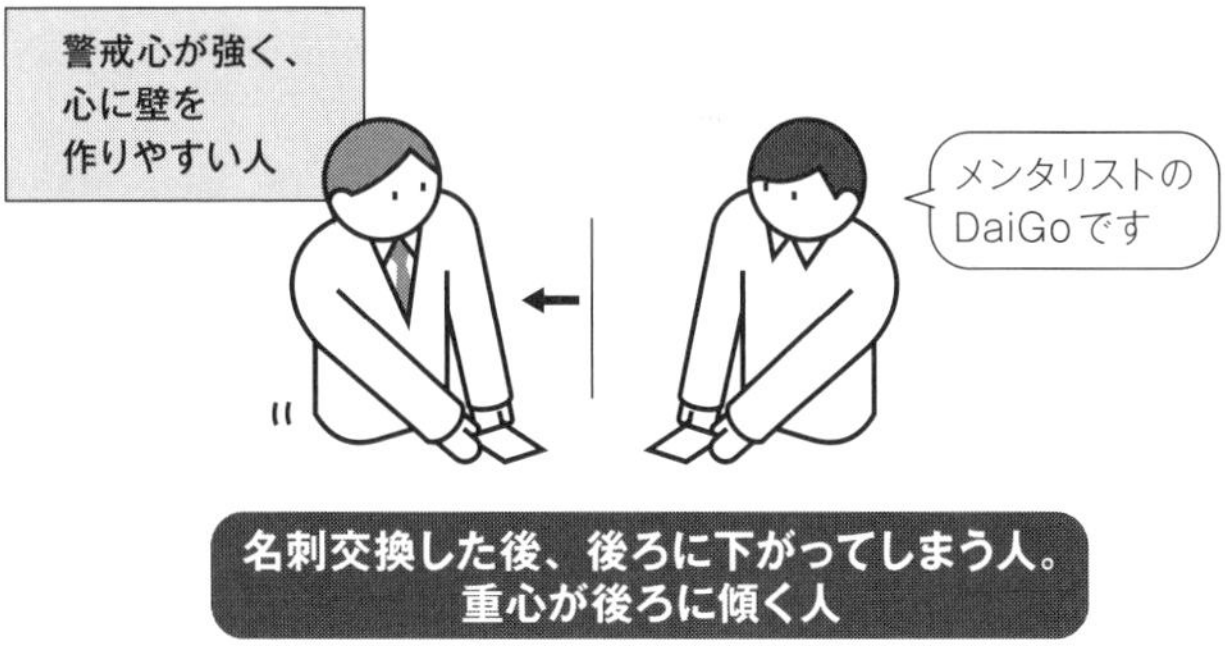
警戒心が強く、
心に壁を
作りやすい人
メンタリストの
DaiGoです
名刺交換した後、後ろに下がってしまう人。
重心が後ろに傾く人

CHECK

どのタイプかを見極めることで、
相手へのビジネス戦略が見えてくる

ジュメや資料でもいいでしょう。こちらから手渡す場合は、近づいたときの相手の反応、こちらが受け取る場合は、相手が抵抗なく近づいてくるかどうかを観察する。それによって、その時点での心の距離がわかるわけです。

一歩下がる人や警戒心が強い人には、まずどうやって信用してもらうか、警戒心を解くか、というところからビジネス戦略を考える必要があるということになります。

私にもこんな経験がありました。その日のプレゼンは、自社スタッフに任せていたのですが、彼らからクライアントが不満を持っていると聞いて、その場に挨拶に行きました。

そこでクライアント側の人全員と名刺交換をしながら先方がこちらと取ろうとしている距離感を探ったところ、「不満を感じているのはこの人だ」と確信しました。そこからは**プレゼンのターゲットをその人に絞って、その人を「ウン」と言わせるアプローチに作戦を変更した**のです。最終的にそのプレゼンは見事に成功しました。このように、相手との距離がわかれば、対応の仕方も変わってきます。

ここで重要なのは、物理的な距離が心の距離とイコールであるならば、**物理的な距離を縮めれば、お互いの心の距離も一気に近くなる**ということです。

例えば名刺交換するときに、あえて自分の手や指を相手の手にサッと触れるようにしてみてください。あからさまにベタッと触ってしまうと別の意味で引かれてしまう可能性もありますので、ちょっと引っかけるくらいでいいと思います。肝心なのは、相手の体に触れるということです。

私たちの指には多くの神経が集中しており、脳の多くの部分は手や指を司る領域によって占められています。ですから、そういう状況で手と手、指と指が接触したという感覚は、相手が接触自体を気に留めていなくても、相手の脳にインプットされます。その感覚が無意識のうちにこちらへの親近感につながることは十分に考えられます。

さらにもう一点。心理戦で優位に立つ戦略として見逃せないのが握手です。最近では日本のビジネスの場でも、挨拶の際に握手をするというシーンをよく見かけます。メンタリスト的には、相手の手に直接触れる握手は、相手の心の状態を知り、さらにコントロールするのに見逃せない大きなチャンスだと考えます。

簡単に言えば、相手と打ち解けたい、仲よくなりたいという思いがあると、人は相手の手を優しく包み込むような握手をするものです。アイドルの握手会などを思い出してください。ほとんどの方は両手で相手の手を包み込む握手をしています。きっとそうした感覚が無意識のうちに働いているからではないでしょうか。

普通なら「強く握るほうが気持ちが伝わるのでは？」と思うかもしれません。でも**20～30代のビジネスパーソンが年上の方と握手をする場合、強く握りすぎると生意気で自信過剰な印象を相手に与えてしまいます**。

相手が年下ならばともかく、ビジネスの場では、あまりこちらから強い握手は避けたほうがいいでしょう。ただし相手が先に強く握ってきた場合は、こちらも同じように強めに握り返したほうがいい。第1章で触れた、相手の行動をマネることで親近感を作り出す『マッチング』の効果が期待できるからです。

ここでひとつメンタリストのテクニックを明かしましょう。

私たちメンタリストが握手をするとき、相手の力や握り方のほかに、実はもうふたつの心理的観察を行っています。

ひとつは手のひらと手の甲の水分量の差を見ます。もうひとつは、手首にさりげなく触れることで相手の脈拍を測っています。それによってなにがわかるか。そう、相

握手でわかる！ 相手の心理状態

ポイント
人差し指を相手の親指の付け根にさりげなく触れる。脈が速くなっているか？変わらないか？
ポイント
手のひらに汗をかいているのは緊張している証拠。手の甲にかいているのは単に暑いだけ

CHECK 汗をかいているのが手のひらか、甲かがわかれば相手の緊張度がわかる

手の緊張度合いを測ることができるのです。

人は緊張すると手のひらに汗をかき、気温が高いと手の甲に汗をかきます。

ですから握手したときに手の甲に多く汗をかいていれば、ただ単に暑いだけ。手のひらのほうに汗をかいていれば、緊張しているか、ある程度のプレッシャーを感じていることがわかります。

また、緊張が脈の速さにそのまま表れるのはご存じのとおりです。さらに打ち合わせが終わったあとに「今後ともよろしくお願いします」と言ってもう一度握手をすれば、初対面のときと比べて脈が速くなったのか、変わらな

メンタリズムポイント 名刺交換は相手の警戒心を測るチャンス

いのかまでがわかります。

握手で脈をとる方法は決して難しくありません。親指の付け根にさりげなく触れるだけ。手の握り方さえ少し練習すれば、誰でも脈を測れるようになります。

もちろん握手だけですべてがわかるわけではありませんが、相手の心を読むためのひとつのツールとしてはかなり使えます。それに自分からアクションを起こすことで自信が生まれ、相手より優位に立てるというメリットもあります。

この効果については次項で解説します。

その場の主導権を1.3秒で握れる世界共通の方法

ビジネスのスタートとなる挨拶や名刺交換、握手が、相手の心の状態を読むための手段となり得ることは説明したとおりです。

さらに言えば、これらの行動は相手が求めてくる前に、あなたから先にするほうがより効果的です。そのタイミングは早ければ早いほどいい。

挨拶は誰よりも早くする。そうすることで、その空間をあなたが支配しているとい

う空気、あなたの優位性を演出することができます。

ビジネスにおける**交渉事などでは、相手と自分のどちらがその場の主導権を握っているかが、結果に非常に大きな影響をもたらします。**ですから、初対面という人間関係の初期段階で、「この場の主導権はこちらにある」と相手に思わせることができれば、その後の交渉もよりスムーズに、あなたが優位な状況で進められるでしょう。

相手が「優位に立たれた」と自覚していなくても、無意識のうちにそう思わせる方法があります。それが〝**相手よりも先に行動する**〟ということなのです。これなら、たとえ口下手でも、口数が少ない人でもできるでしょう。

「人に先んずる」と印象や記憶に残りやすいというメリットもあります。これは『初頭効果』と言われ、最初に提示された情報が人の印象形成や判断基準に影響を与えやすいという現象です。「人は第一印象で決まる」とはまさに初頭効果のことです。

私はこれまでに数多くの講演を聞きに行っていますが、質疑応答の時間には、誰よりも先に手を挙げて、大声でアピールして質問するようにしていました。

その後で講師の方に挨拶に行くと、「あのときの最初の君か」とみなさん覚えていてくれてるのです。そこで連絡先を交換し、仕事につながったことがありました。

こうした場面では最初に3人くらい手を挙げると、その後はみなゾロゾロと手を挙げるもの。つまり最初の行動がその場で「挙手して質問してもいい」というルールを作っている。言葉を変えれば「その場の主導権を握っている」と言えるでしょう。

肝心なのは**「いちばん最初であること」**なのです。

私の敬愛する漫画家・荒木飛呂彦先生の作品『ジョジョの奇妙な冒険』の中でも語られている**『円卓のナプキン理論』**をご存じでしょうか。

複数の人間が円卓に座ったとします。円卓の上には左右均等にナプキンが並んでいます。誰かが最初に右のナプキンを取ったら、それ以降の人はみんな右のナプキンを取らざるを得なくなります。最初の人が左を取ったら、次からは左を取らざるを得なくなります。つまり「最初の行動によって、その場のルールが規定される」のです。

あなたが最初に挨拶や名刺交換をして相手がそれに従う、という状況を作り出すことによって、あなたの行動がその場を動かすルールになり、その場の主導権を握りやすくなるのです。

自分が主導権を握るということ、相手より優位に立つということは、自分がストレスを感じない空間を作ることとも言えます。そうした空間を心理学用語で『コンフォートゾーン（快適な領域）』と言います。比較的よく使われる言葉なので、ご存じの人も多いのではないでしょうか。

例えばひとりで新幹線や飛行機に乗ったときなど、隣の席に知らない人が座ることがあるでしょう。いわゆる〝相席〟というやつです。

お互いに無関心を装いながら、でもなんだか居心地が悪い——そんなとき私は、相手もしくは自分が席に座った瞬間に自分から挨拶します。見ず知らずの人に話しかけるなんてハードルが高い、と思われる方もいるかもしれません。

しかし特別なことを言う必要はありません。**「こんにちは」でも「どちらまで行かれるんですか？」でも「今日は思ったよりも混雑してますね」でも何でもいい。後から席についた場合でも、たったひとこと「失礼します」と相手の目を見て挨拶するだ**

けでもOK。どうであれ、こちらから先に話しかけることでその席での主導権を握ることができます。するとと気持ちもかなり楽になって、あまりストレスを感じなくなります。それは、そこが自分のコンフォートゾーンになったからです。

交渉は自分のコンフォートゾーン、心地よいテリトリーのなかで進めるほうが有利に決まっています。そうした空間を最初に作るためにも挨拶や名刺交換をするなら、必ず相手よりも先んじて行うべきなのです。

ちなみに、握手が文化として根付いている欧米などでは、「自分が主導権を握っているよ」と相手に暗示をかけることができる興味深い握手テクニックが存在します。

それはアメリカの大統領などがよく実践している「パワーシェイクハンド」という握手法。「よろしくお願いします」と言って握手するとき、もう片方の手を相手のひじに添えるやり方です（ニュースや動画サイトでチェックしてみてください）。

つまりこれだけで「主導権は私が握っていますよ」という無言のメッセージになっているのです。ただの握手に相手の手を上から押さえるという行為をプラスすることで、自分のほうが主導権を持っていることを伝えているわけです。また、された側も無意識のうちに、「相手に主導権を握られている」と感じやすいとも言われています。

メンタリズムポイント　誰よりも早い「挨拶」で主導権を握れ！

相手が思わずYESと言ってしまう時間帯がある

商談やプレゼンなどシビアな交渉事で相手に「イエス」と言わせるためには、交渉に適した時間帯や状況、環境というものが存在します。

答えを先にお伝えしましょう。メンタリストの間では、**「交渉事をするなら午後イチか、もしくはできるだけ夕方に近い時間に行え」**と言われています。

もちろん、それには理由があります。

まず、「午後イチ」をおすすめする理由。それは相手が昼食の直後だからです。

人間の脳は満腹になると働きが鈍くなります。食事をした後は、食べたものを消化するため消化器系に血液が集中し、脳への血流が減ってしまうためです。

そして逆に空腹時には脳の働きが活性化します。空腹時は血液中の糖分が少ないため脳に栄養が回らず、働きが鈍くなるなどとも言われているようですが、それは過度の空腹の場合。適度な空腹は脳を活性化させてくれます。

余談ですが、大昔、人間は狩りをして動物を獲って生活していました。その頃の人間にとってもっとも脳を使う必要に迫られたのはいつか。それは獲物を仕留めなければ生き残れない状態のときだったのは想像に難くありません。

人間の生存本能として、空腹時には脳が活性化し、逆に満腹後はすぐに狩りをしなくてもいいため働きが鈍くなったとも考えられます。

私たちの脳が、満腹では働きが鈍り、空腹だと活性化するのは、こうした本来人間が持っていた狩猟本能、生存本能にも関係があるのです。

話を戻しましょう。

商談などの交渉や駆け引きをするなら、**相手の脳の働きが鈍くなり、自分の脳が活性化している状態で行うのがベスト**です。

満腹で、判断力が鈍っている――人が説得されやすいのは、まさにこうした状態のときです。**相手が満腹のときに、こちらは昼食抜きの適度な空腹状態で交渉に臨むというのは、ビジネスを成功させるために決して侮《あなど》れないテクニック**だと思います。

次に「夕方」をおすすめする理由。それは一日の疲労が精神的にも肉体的にもかなり高まっている時間帯だからです。

これは私がツイッターなどで行った実験でわかったことなのですが、一日の中で人間の購買意欲がもっとも高まるのは、夕方の6時から夜の10時の間です。

疲労が高まって判断力が鈍っているため、バーゲンやタイムセールといった広告宣伝の暗示に影響されやすくなり、ついつい買ってしまうのです。

見方を変えれば、人間はその時間帯には心のバリアがもっとも弱まって、周囲の情報に影響されやすく、周囲から説得されやすい状態になるということ。

昼食後の満腹状態にあたる午後イチと同様に、一日の疲れが高まっている夕方も脳の働きは鈍っており、交渉事を有利に進めるために適した時間帯だと言えるのです。

この時間帯を利用した暗示・説得テクニックを実際に使っていたのが、ナチスドイツの独裁者として君臨《くんりん》したアドルフ・ヒトラーです。

なぜヒトラーが演説の天才と言われていたのか。それは、計算しつくされた演説で大衆の心を引き付けて操作するという心理戦術を巧みに操って、人々を動かしていたからです。ヒトラーはエリック・ヤン・ハヌッセンというメンタリストに演説指導を受けていたとも言われていますから、それも納得です。

メンタリズムポイント

交渉はランチ後または終業後に

ヒトラーは、演説の時間帯にも非常に気を配っていました。当時、権力者の演説は、朝や昼前などを中心とした時間帯に行われるのが一般的でした。ところがヒトラーの演説のために民衆が集められたのは、常に夕暮れ時だったのです。

一日の仕事が終わり、疲れて判断力が鈍り、心のバリアが弱まっている民衆に向かって簡単で強いスローガン、大きなジェスチャーを織り交ぜた演説を暗示のように繰り返しました。そうすることで巧みに民衆の心に入り込み、コントロールしたのです。

相手の判断力が鈍り、心のバリアが弱まり、説得されやすい状態になる――ビジネスタイムにおける絶好のタイミングが、**相手の昼食直後となる午後イチ、そして夕方**なのです。ちなみに、私がよく指定するのは、午後の2時です。前出の理由に加え、ランチ後でお客が少なく、静かな雰囲気でよりリラックスできるメリットもあります。

またカナダ・アルバータ大学のシンクレア教授の研究では、**「人は晴れている日は説得されやすい。しかし暑い日は攻撃性が増すので逆に説得されにくい」**という面白い報告もあります。爽やかに晴れた日の午後イチに、太陽を意識できるオープンテラスなどで打ち合わせをすれば、ことのほか仕事がうまく運ぶかもしれません。

アポの時間が交渉の明暗を分ける

食後は脳の働きが鈍くなるので、
説得しやすくなる。
相手のランチ後を狙って交渉を
（自分は空腹の状態で臨もう）
身体的にも、肉体的にも1日の
疲労がピークになっている夕方も脳の働きは鈍っている。
相手の判断力が弱まるので説得しやすくなる

CHECK

交渉のアポは、
午後イチか夕方を狙えば成功率がアップ！

ランチ&コーヒーでビジネスは願ったり叶ったり

食事という視点からもうひとつ。

最近では日本でも少しずつ「パワーランチ」が浸透しつつあるようです。パワーランチとは、昼ごはんを食べながら行うビジネスミーティングということです。

この食事をしながらの打ち合わせは、非常に有効なのでおすすめです。

よく〝同じ釜の飯を食う〟と言いますが、人間は**同じ相手に対して、食事をしているときと、していないときとで比べると、しているときのほうが圧倒的に好意的になりやすい**ということが証明されています。これを『ランチョンテクニック』といいます。人は物を食べているとき、心理的に無防備になり、心のバリアが弱まるものだからです。

さらに言うと、**物を飲み込んでいるとき、人は暗示にかかりやすい**とも言われています。飲み込むという行為は、いったん始めたらもう自分の意志では止めることができません。つまりその状況を受け入れるしかないのです。

そういう状態にあるときは、話しかけられたことを比較的受け入れやすくなります。そのまま受け止めるしかないという無意識の心理が働くのでしょう。

ならば、**相手が何かを飲み込んでいるときを狙って、交渉のキモになる話をすれば、「イエス」と言わせやすくなる**ということです。打ち合わせの場なら、相手がコーヒーやお茶を飲んだ瞬間などは、まさにねらい目。

そして、さらにねらい目なのが食事中です。実際には食事の真っ只中では本格的な交渉も難しいでしょうが、合間に水を飲む、食後にコーヒーを飲むというタイミングなら計りやすいでしょう。

余談ですが、オーストラリアのクイーンズランド工科大学の研究によると、**コーヒーを飲むと、人は説得されやすくなる**とも言われています。含まれているカフェインに興奮剤的な作用があるため神経が研ぎ澄まされ、相手の話への興味が増加してしっかり聞くようになる。その結果、説得されやすくなるということのようです。

メンタリズムポイント

ランチで人は協力的になる

ですから商談やプレゼンのとき、取引先に出すなら日本茶よりもコーヒーを選んだほうがいいでしょう。

もし相手が、コーヒーが苦手、飲めないという場合なら、コーヒーの香りをさせるだけでもＯＫ。香りだけでも人は説得されやすくなるという研究報告もあります。

ちなみに、**人はいい気分になると「協力的」になり、なおかつ「リスクを回避する」ようになる**といわれています。私がよく使うのは、相手が好みそうなお店を紹介して、そこで食事をしながら、ローリスクを強調した企画を提案すること。もちろん「傾向がある」ということであって、１００％説得できるわけではありません。しかし、説得されやすい状況を作ってアプローチするというチャレンジこそがビジネスです。さらに「いい店を教えてくれる人」という付加価値的な親近感を得ることもできるでしょう。

軽くメシでも食いながら打ち合わせしませんか――大いにするべきだと思います。

相手に「YES」と言わせる
パワーランチのとり方

人は食事中は
心理的に無防備になり、
心のバリアが弱まる

ポイント

相手が物を飲んでいる
タイミングは暗示にかかりやすい。
このタイミングで交渉のキモとなる
言葉を言おう。無理にタイミングを
見計らわなくても大丈夫

CHECK

「メシでも食いながら軽く打ち合わせ」は、
交渉にとっては、願ってもないチャンス！

『渡る世間は鬼ばかり』に隠された高度な心理戦略とは

取引先に提出する企画書を作る、プレゼンや会議のレジュメを作る、営業で製品やサービスを売り込む――。これらのすべてに共通して求められるのは〝伝えるべき情報を確実に相手に伝え、相手の心をイエスに誘導する〟技術です。

「何が重要なポイントなのか、よくわからない」
「長々と説明された割には、製品の特徴が印象に残らない」

これでは、ノーをイエスに変えるどころか、ビジネスそのものが始まりません。いかにしてこちらの情報を相手に認識させるか、相手の記憶に焼き付けるかは、ビジネスにおける交渉事の基本中の基本なのです。

では、そのためにはどうすればいいのか。伝えたいことを相手の記憶に焼き付ける方法、そのヒントはテレビ番組にありました。

そのひとつが深夜の通販番組です。

とくに深夜の通販番組では、1回の番組で同じ商品を何度も紹介されるケースも少なくありません。そのたびにその商品情報や価格が繰り返され、何分間かおきに問い合わせの電話番号が表示されます。

通販番組が視聴者に伝えたい重要な情報は、「商品」と「特徴」、「価格」「問い合わせ先」の4つだけ。だから、このポイントを連呼するように放送しているのです。すると見ている側の脳には何が起こるのでしょう。脳の中では、自然に繰り返されている4つの情報がどんどん刷り込まれていきます。視聴者の頭の中では**「そんなにいい製品なんだ→お買い得なんだ→電話してみようかな」という思考回路ができあがる**のです。つまり、情報は回数を多く提示するほど、より相手の脳に焼き付けられ、記憶に残るということ。

ちなみに通販番組が深夜帯に多いのは、その時間帯の枠を買う料金が安いというのもありますが、日中のワイドショーの合間という限られた時間では不可能な「繰り返しの刷り込み」、それも単なる繰り返しではなく多少の変化をつけた繰り返しができるから、という理由もあるのではないかと私は思っています。

さらに、誰もが知っている大ヒットドラマシリーズ『渡る世間は鬼ばかり』にも、実は繰り返しのテクニックがありました。

これは『渡る世間～』の脚本家、橋田壽賀子さんがおっしゃっていたのですが、橋田さんは脚本を書くときに、**その後の展開の伏線となる重要なセリフは、言い方、言う状況、そして言う人をかえて必ず3回言わせるようにしている**そうです。

意識的に繰り返すことで、そのセリフを視聴者の記憶の片隅に残し、伏線を張っておく。すると後の展開でその伏線が出てきたときに視聴者は、「ああ、あのときのあれだったのか」と気づくのだと。

この話を聞いたとき、私は「なるほど、確かにそうだな」と感銘《かんめい》を受けました。橋田壽賀子さんがこうした心理戦略をご存じだったかどうかはわかりませんが、この繰り返しの技術は、メンタリストの間でも頻繁に使われるものです。そしてそれは、ビジネスにも日常生活にも応用できるはずだと思ったのです。

企画書作りにしても、あれもこれもと欲張って情報を詰め込んでしまっては、結局何が言いたいのかがぼやけてしまい、最終的には相手の記憶に何も残りません。

例えば繰り返しの技術を企画書で使用するなら、

①これだけは絶対に伝えたいという重要情報をひとつに絞り込む
②それ以外の情報は、いっそ捨てるぐらいの勇気を持つ
③ひとつの企画書に3〜10回くらい自然に登場するようにその言葉を入れる

この3つのルールを守ることが大事です。

このときのポイントは〝**表現を変えて繰り返す**〟ということ。

心に響く言葉、関心をそそられる言葉は、人によって違います。同じことを伝えるのでも、Aの表現に反応する人もいれば、Bの表現に興味をもつ人もいる、Cの表現に響く人もいる。言い方や表現によって、どの人の心に刺さるかが変わってくるのです。

プレゼンのレジュメなど、複数・多数の人を対象にメッセージを伝える場合、レスポンスの間口を広げるためにも、表現を変えるというひと手間が重要になってきます。

メンタリズムポイント

10回繰り返せば、プレゼンの80%はうまくいく

書くにせよ話すにせよ、**重要なメッセージや相手に伝えたい情報、売り込みたい情報は、表現を変えて必ず3～10回は繰り返す**。

「なんだ、そんなことか」と思う方もいるでしょう。でも、その「そんなこと」がなかなかできていない人も少なくないのです。私も、プレゼンの資料、セミナーなどでは、必ず重要なこと、この場で伝えたいことは、言い方を変えて少なくても3回、多いときは10回以上繰り返すことを心がけています。クセにしてしまえば意外に簡単なことですが、わかっていても、それを意識して使うという行動に移さない限り、その知識を使っていることにはなりません。

ある民事裁判における陪審員に対して行った実験では、被告が無罪であるという証明を2～3回繰り返したときには46%が説得され、10回繰り返した場合には82%が説得されるに至ったという結果報告もあります。

先の通販番組や橋田壽賀子さんのように、最初から繰り返すことを意識して準備をする。相手の記憶に刷り込むための仕掛けを意識して作っておく。そうすることであなたの企画書やレジュメの完成度、プレゼンの説得力は大きく向上するでしょう。

この3つさえ守れば大丈夫！
「伝わる」企画書の黄金ルール

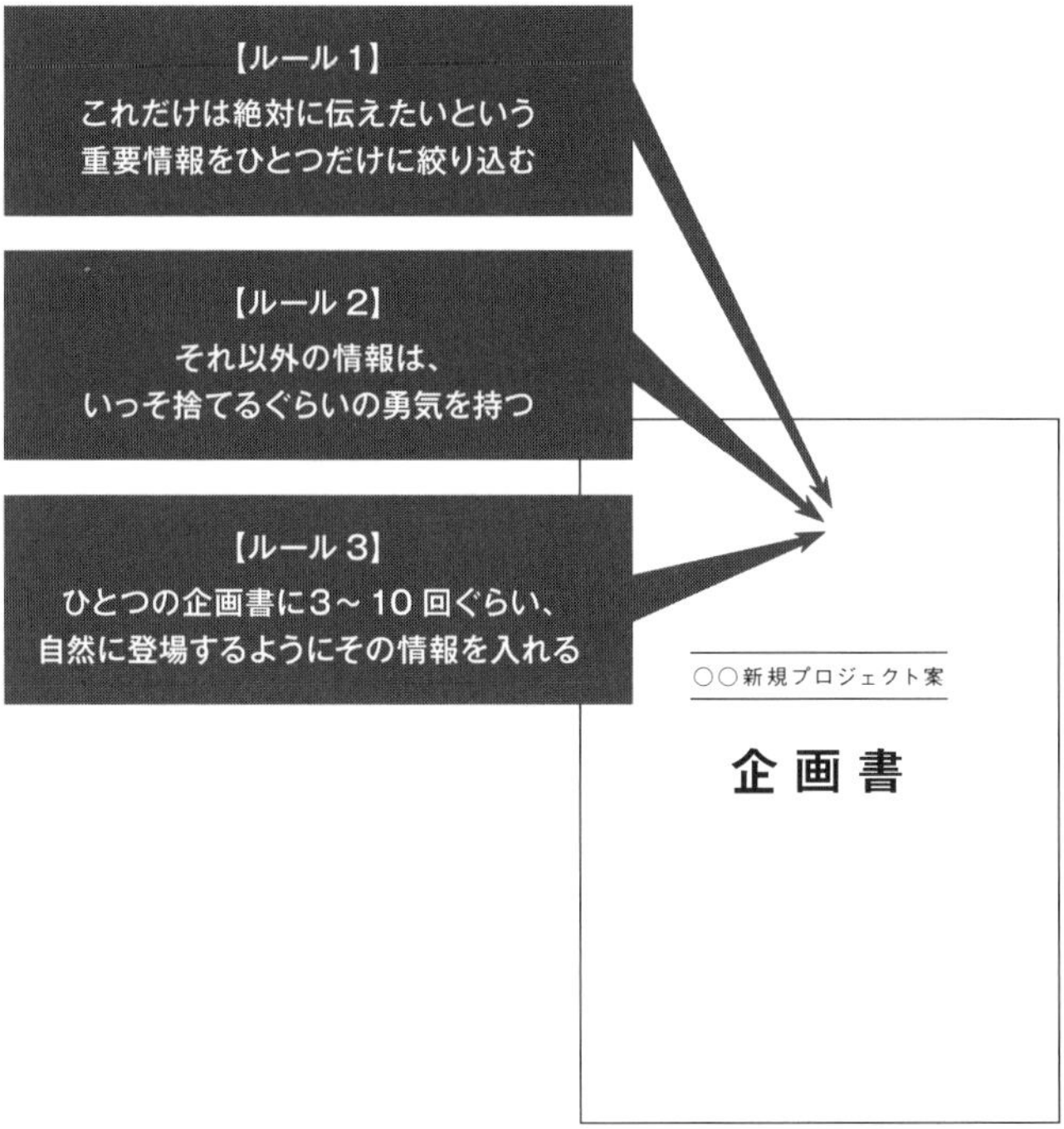
【ルール1】
これだけは絶対に伝えたいという
重要情報をひとつだけに絞り込む
【ルール2】
それ以外の情報は、
いっそ捨てるぐらいの勇気を持つ
【ルール3】
ひとつの企画書に3〜10回ぐらい、
自然に登場するようにその情報を入れる
○○新規プロジェクト案
企画書

CHECK **長すぎる企画書、分厚すぎる企画書は無意味。大切なのは、「簡潔」に「伝えたいこと」を「繰り返す」だけ**

プレゼンを通したいなら「相手の言葉」を盗め

『カクテルパーティー効果』という心理学用語があります。これは、カクテルパーティーのようなガヤガヤとにぎやかな場所でも、自分に関係のある言葉や会話は耳に入ってきやすく、聞き取ることができるという人間の聴覚効果のこと。

音声の選択的聴取、つまり雑多な情報が入り混じった状況でも、人間の脳は自分に関係のある情報だけを選別できるという理論です。

人間というのは不思議なことに、あふれるほどの情報と向き合ったとき、自分に関係のない情報、自分が必要ではない情報はあまり脳や心に響きません。ところが逆に、自分に関係ある言葉やフレーズがあると、その他の情報をかき分けてでも耳に入ってくる。意識をしていなくても情報が響いてくる、届いてくるものなのです。

さらに、私が大学生の頃、接客のアルバイトをしていた友だちから、こんなエピソードを聞いたことがあります。

飲食店でアルバイトをしている人は、「すみません」という単語に非常に敏感になっており、コンビニでアルバイトをしている人は、入り口の自動ドアが開いたときに鳴るチャイムの音にも反応しやすくなっているのだとか。

居酒屋の仕事が終わり、飲みに行っても、他のお客さんの「すみません」という注文の声が聞こえると、自分はお客さんで来ていてもついつい反応してしまう。

コンビニのバイトが休みの日に行った美容院で、カットの最中にその店のドアチャイムが鳴り、思わず鏡の前で「いらっしゃいませ」と言ってしまった――。

そんな話を聞いて、「面白いな、これ」と思いました。

人にはそれぞれ反応しやすい言葉、キーワードがあって、その人のライフスタイルの中には、その言葉に伴うクセとか条件反射が生まれている。それを上手に利用することができれば、相手の心をつかみやすくなるのではないか、と思ったのです。

例えばプレゼンで企画や商品の説明をするときでも、取引先で日常よく使われてい

> メンタリズムポイント 「相手の業界でよく使われる言葉」が説得力を上げる

るであろう用語、反応しやすいと思われる言葉などを意識して入れて話してみる。

さらにその言葉を言うときに、**他よりも力を入れて大きめの声にする、声のトーンを上げてみる、その言葉の前にあえて間を置いてみる**――。これは相手がわからない程度のさりげなさで大丈夫です。ただでさえ、自分にとっては特別なキーワードなのに、そうすることでさらに重要度が増します。

その結果、相手の興味の度合いは変わってきます。耳に入ってくるそのキーワードに反応することで、話全体に関心が高まり、耳を傾けてくれやすくなるのです。

また、通された応接室にその会社のスローガン、社訓のようなものが書かれていたりすることもあります。そんなときはラッキーです。その**スローガンのなかの言葉を拝借して説明に使ってしまう**のです。人は自分が大切にしているものを大切に扱ってくれる人、共感してくれる人に親近感を抱くもの（ちなみに、私は交渉相手がよく歌うカラオケの曲を着メロにして行きました）。

こうした効果は耳から入る音声情報に限ったことではありません。それは視覚的に訴える言葉にもあてはまります。

プレゼンのレジュメ、企画書などを作る際にも、相手が普段使っている用語、反応しやすいフレーズなどをちりばめておくことで、より読んでもらいやすくなります。

そう考えるとビジネス資料作りの準備として、相手の口グセ、取引相手の業種や業界における、いわゆる〝あるある〟的な言葉（ユニークワード）としての情報をこまめにチェックしておくことは、すごく重要だと思います。

あなたの評価をうなぎ登りにする記憶コントロール術

前項で述べた「伝えたいことは何度も繰り返して提示する」という手法の根底にあるのは、相手の心の中に記憶として残す、潜在意識や無意識の中に残すためのテクニックです。そしてそれに付け加えて、より鮮明に相手の記憶や印象に残すために意識してほしいのが**繰り返すタイミング**です。

ドイツの心理学者ヘルマン・エビングハウスは、人間の記憶は20分間で58％まで失われると指摘しています。

彼は、時間経過と記憶の忘却の関係性を『エビングハウスの忘却曲線』に表しました。

それによれば私たちの記憶は、聞いた直後を１００％だとしたら、20分間で一気に42％を忘れてしまいます。そしてその後も時間経過とともに緩やかなカーブを描きながら失われていくといいます。


そんな失われていく情報の中でも記憶に残りやすいのは印象の強いこと、そして繰り返し見聞きしたり体験したりしたことだけ。だから繰り返し印象付ける（リマインドする）ことが大切なのですが、それでさえも時間とともに薄れていくのです。

一方で、そのリマインドするタイミングを提唱したのが教育心理学のＰ．ラッセルです。

ラッセルによると20分に近い段階で復習すると、再び記憶はよみがえるため、落ち込み方が緩やかになり、次は１日後に、そしてその次は１週間後に、さらに１カ月後にという具合に復習すると、最終的には落ち込みがほとんどなくなります。つまりその記憶が定着するということです。それをラッセルは『復習曲線』に表しました。

打ち合わせやプレゼンで情報をしっかりアピールするには、**まず最初の20分間が勝負。そこで何度も繰り返し提示して、相手の記憶に強く印象付けることが第一歩です。そしてさらに20分後に、表現を変えてまた繰り返します。**さらに復習曲線に従い、**その日のうち、翌日、1週間後と、繰り返してアピールする**のです。

例えば私の場合、交渉やプレゼンを終えて相手と別れたらすぐに、「今日はお世話になりました」「貴重なお時間を頂戴してありがとうございました」といったお礼とともに、もう一度プッシュしたい情報をさりげなく書いたメールを送ります。プレゼンの場で先方が興味を持った部分を書いてもいいでしょう。そして「詳しい資料を追ってお送りします」などとしておいて、翌日にメールで送る。さらに1週間後に「〇〇の件、その後いかがでしょうか」と様子見のメールを送る。

デキるビジネスマンは、マメにメールでの連絡を欠かさないと言います。それは本

メンタリズムポイント

リマインドによって人の記憶をコントロールする

人が意識しているかどうかはともかく、**記憶の忘却と復習のタイミングを計りながら連絡を取っている**ということなのです。

確かにプレゼン直後にすぐ資料を送り、後はほったらかしでは、仕事は早いように見えてもプッシュしたい企画は記憶に残りづらくなります。

資料を送るにしても、先方から「早急に」という希望がなければ、記憶定着のための再プッシュの口実として、あえて時間を置いて1日後に送るのも効果的だと思います。

繰り返しますが、**記憶の定着は接触回数で決まります（ですから本書でも重要ポイントは繰り返し述べています）。また、『ザイアンスの法則』といって印象や好意も繰り返した接触回数で決まります。相手に印象付けたければ、忘れかけたタイミングを見計らってアプローチし、再プッシュすることがとても大事**なのです。

営業先で忘れられない人になる法則

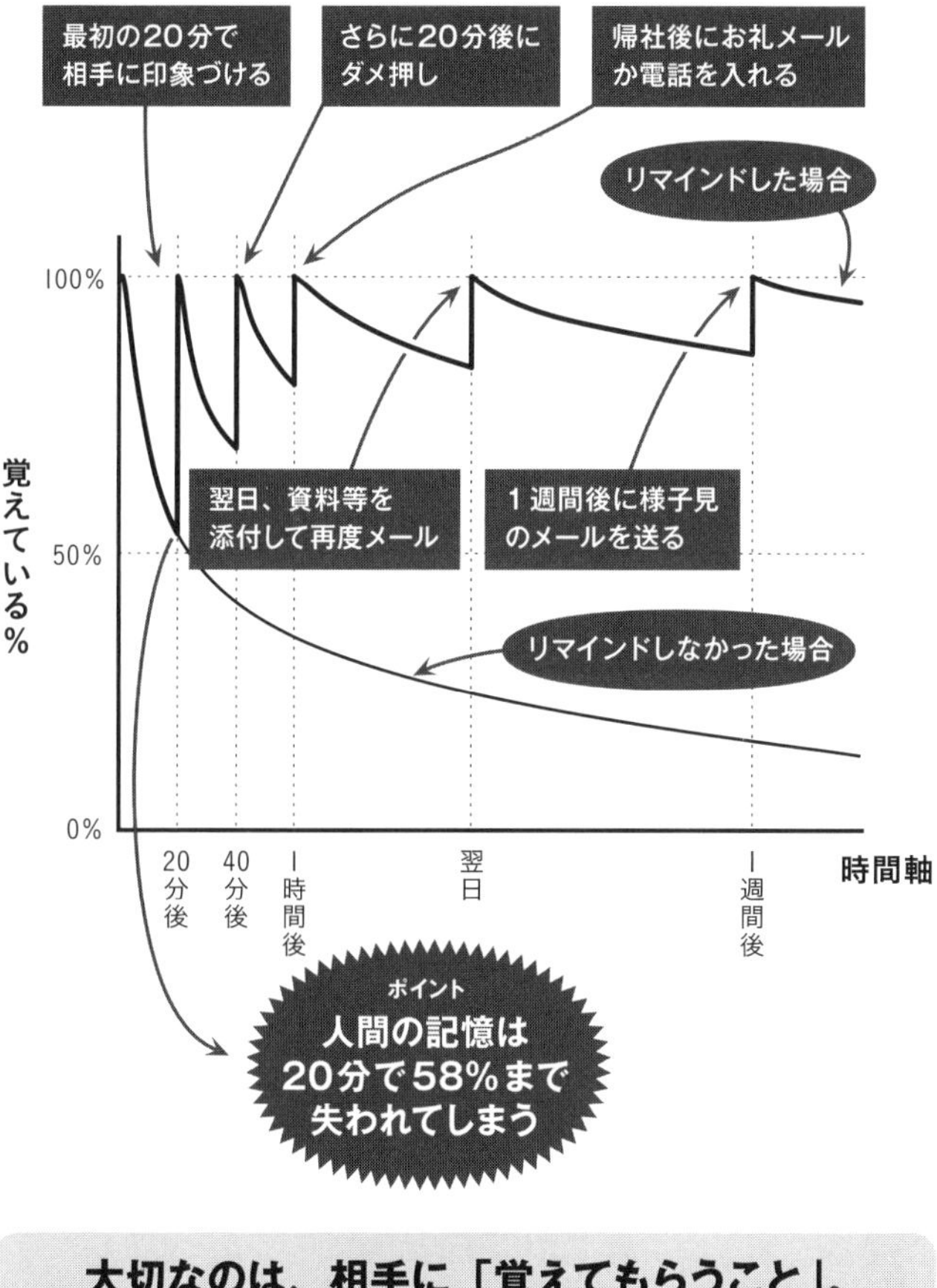
最初の20分で
相手に印象づける
さらに20分後に
ダメ押し
帰社後にお礼メール
か電話を入れる
リマインドした場合
100%
50%
0%
覚えている%
翌日、資料等を
添付して再度メール
1週間後に様子見
のメールを送る
リマインドしなかった場合
20分後
40分後
1時間後
翌日
1週間後
時間軸
ポイント
人間の記憶は
20分で58%まで
失われてしまう

CHECK

大切なのは、相手に「覚えてもらうこと」。
脳の働きを利用して
効果的なジャブを打ち続けよう

企画書は完璧じゃないほうが通る

打ち合わせやプレゼンに欠かせないのが企画書やレジュメといった資料です。

企画書の最大目的は、相手に企画主旨や要点を理解してもらうこと。ところが詳しい情報を提示しようとするあまり、巻物のように長くなってしまう。数字やデータだらけで学術書のように難解になってしまう――こうした落とし穴にハマるケースは少なくありません。企画主旨を説明する。この目的だけに関して言えば、文章は短いほどいい。簡潔なほどわかりやすくなります。

そもそも、ビジネスとは企画書やレジュメが提示する内容だけですべてが決まるわけではありません。それらはあくまでも打ち合わせの「たたき台」で、それをベースにやりとりをしながら作っていくものです。軸となる企画主旨さえしっかりと書かれていれば、あとはそんなに凝って作らなくてもいいのです。

最終的にはプレゼンや打ち合わせの現場が勝負なのです。**企画書を出したときの相**

手の反応、企画を説明したときの相手の表情からニーズを読み取って適宜内容を更新していくことで、その企画書は10倍、20倍にも魅力あるものにできるのです。

企画を通したいなら解釈の自由を残す

メンタリズムポイント

ガチガチに作りこんだ完璧な企画書を提出するとどうなるか——相手はみんな、その企画書しか見なくなります。全員が読むために下を向いてしまって顔が見えない。顔が見えなければもちろん表情も見えず、相手の考えていることも推測できなければ、自分の印象付けもできません。

また融通の利かない企画書だと、こちらが勝手に思っていることしか伝わらず、解釈の自由が制限されてしまいます。様々な解釈の間口を広げておいて、相手のニーズに合わせて「即興で作っていく」ためのたたき台でいいのです。

私が打ち合わせで企画提案するときも、あまりパワーポイントなどを使いません。レジュメも、後で配ることはあっても、最初からはそんなに詳細なものは用意しません。やはりそれも、みんながそれしか見なくなるからです。とくにメンタリストにとって顔が見えないのは非常に大きなハンディです。**顔を上げて、自分を見てもらわないと誘導できない**のです。

まずは顔を見ながら話をして、終わってから渡す。もちろん相手の業種やタイプにもよるでしょうが、企画書やレジュメはごくシンプルなものだけを用意して、詳細なものは後で渡すくらいでいいと思います。

企画書は3種類用意しておく。その理由とは

打ち合わせやプレゼンの現場では企画書はたたき台に過ぎず、シンプルなもののほうがいいのは前項で述べました。

しかし当然ながら、最終的に先方に提出する詳細な企画書も作成する必要があります。その際に、より相手に読んでもらえる企画書・レジュメ作りには、ポイントがあります。

それは**ひとつの企画に対して、企画書を3種類用意しておく**ということ。

①シンプルかつ論理的にまとめたもの。これは理詰めのアプローチを好む人用です。

②街の声や企画立ち上げの背景といった、どちらかというとドラマチックで情に訴

企画書は相手によって使い分ける

メンタリズムポイント

える内容のもの。これはハートに響くアプローチを好む人に見せるために用意します。

③検証結果や統計グラフといった数字に重きを置いたデータ集。データや資料は多いほどいいと思っている人（そういう人に限って数字を見ていないのですが）用です。

この３種類の企画書を用意しておけば、相手がどんなタイプであっても対処できます。例えば理詰めを好む人には、論理的に簡潔に説明してほしい①タイプの人と、データが欲しい③タイプの人の２タイプがいます。

前者のタイプに分厚いデータ資料集のような代物を渡しても、「こんなにたくさんあったって読んでる時間ないよ」となってしまう。そうすると読んでもらえない恐れも出てきます。そういう人にはシンプルパターンの企画書を見せれば喜ばれます。

相手が後者の場合はデータが多いほど、企画書や資料が分厚いほど「仕事ができるやつだ」と思うタイプです。だからキッチリと数字やデータを見せるわけです。

企画書を相手のタイプ別に３つ用意する。当然、作成するのに手間はかかるかもしれませんが、その分、相手に読んでもらえる確率は数段アップするはずです。

ピンチになったら、ラッキーとつぶやく

かなりハードルの高い契約条件を提示された。提案した企画の全面変更を迫られた。予算の大幅カットを宣告された――。

ビジネスの現場では、思いも寄らない悪いニュースや不利な状況に直面することも少なくないでしょう。むしろ常に有利な状況で進むことのほうが珍しいかもしれません。

もし私がそんな状況に陥ったら、心の中で「ラッキー！」「よっしゃ！」と叫びます。苦しい立場に置かれて、ピンチになって、どうして「ラッキー！」なのか。

ひとつは、**メンタリストとして自分の身に起きた『認知的不協和』（134ページ参照）を利用する**ためです。**不利なことが起きたのに自分はラッキーと言っている。だから不協和を解消するためには、不利な状況のほうをラッキーに変えなければいけない。**

心の中の「ラッキー！」は自分にかける暗示です。ラッキーと思っていなくても、あえてそう思うようにしているということです。

人の心は、言葉によって作られます。だから苦しいときにこそ、「ラッキー」「よっしゃ」と自分に言い聞かせる。「きついけど狙いどおりなんだ」「厳しいけど面白いことになりそうだ」とつぶやくのです。

さすがにその場では口に出せないので心の声になりますが、本当は声に出して言ったほうがいい。だからそんなときの私は、自宅に帰ったらずっとひとり言です。「ラッキー」「よっしゃ」「狙いどおり」とどんどん声に出してつぶやくようにしています。

この「声に出して言う」という行為が、実はすごく大事です。**声に出すことで、自分が発した言葉は、もう一度自分の耳から入って脳に戻り、それが潜在意識に働きかけます。情報のアウトプット（言う）とインプット（聞く）両方が同時に行われるため、より自己暗示にかかりやすくなる**のです。

ネガティブなことばかり言っていると、その人自身がどんどんネガティブになってしまうもの。それは自分が発したネガティブ・ワードが、自分の脳に戻ってしまうからです。

また相手を口汚く罵倒《ばとう》したり、ネガティブな言葉で攻撃すると、その言葉も自分の中に戻って、毒として溜まってしまうのです。

苦境や不利な状況に立たされたら、無理にでもポジティブな言葉をつぶやいて自分にプラスの暗示をかけることをおすすめします。

ひとりのときはひとり言をつぶやけばいいし、チームや部課単位でピンチになったときは、**みんなで意識して、積極的にポジティブ・ワードを使うようにすればいい。**

チームリーダーやプレイングマネージャーの方々がこの方法を意識して取り入れると、チーム全体のムードもよくなるうえに、成果も上がってくるはずです。

その自己暗示が苦境を乗り越える原動力を生み出すことにもつながるのです。

ピンチのときは、まず言葉をポジティブに変えてみる。すると周囲の景色がまったく違ったものに見えてくるものなのです。

第3章

あなたから「また買いたい！」と思わせる心理戦略

買う人だけを3秒で見分けるテクニック

例えば、テレビを買い替えようかなと思ってとりあえず見に出掛けた家電量販店。どんなタイプのものがあるのかゆっくり見て回り、ちょっと立ち止まると、

「今日はテレビをお探しですか？」

「こちら人気の新製品になっておりまして——」

「ご予算はどのくらいをお考えですか？」

と次々に販売員から声をかけられ、

「ええ、まあ（少し放っておいてくれないか）」

「ちょっと見てるだけで（ゆっくり見させてくれよ）」

「今すぐってわけじゃ（聞きたいときはこっちから聞くよ）」

——こんな経験をお持ちの方もいらっしゃるのではないでしょうか。面倒くさく感じて早々に退散してしまった。そういう経験をされた方は一人や二人ではないでしょう。

逆に、ある程度放っておかれた後、こちらが「この商品のこと、聞いてみたいな」

と思ったタイミングでさりげなく、

「よろしければご説明しましょうか？」

と声をかけてくれる販売員さんもいます。

あなたなら、どちらの販売員さんから商品を買いたいと思いますか？

売り場に来るお客さんの中には、

①買いたい人（説明してほしいけれど声をかけられずにいるお客さん）
②考えている人（買うつもりだけど迷っているお客さん）
③買わない人（声をかけてほしくないという拒絶の空気を出しているお客さん）

がいます。販売員に求められるのは、売り場に現れたお客さんがどのタイプかを的確に見分け、そのニーズに臨機応変《りんきおうへん》に対応することです。

では、「今買いたい人」、「とりあえず見に来ている人」をどうやって見分ければいいのでしょうか。

ギネスブックにも登録された、世界ナンバーワンの自動車セールスマン、ジョー・ジラードは、お客さんのなかでも「買う人」「買わない人」は、それぞれ必ず何かしらのサインを出していると著書に書いています。

先の例で言えば、**テレビ売り場でリモコンを触って、ピッピッと操作している人は5割方買うけれど、リモコンを触らずに見ている人は1割しか買わない**。

テレビ売り場に来ているお客さんは、今日買おうと思って真剣に見比べている人か、冷やかしで何となく新製品をチェックしに来た人か、大抵がこのふたつのどちらかでしょう。

そしてテレビの前で立ち止まっている人は、〝今、まさに考えている最中〟である確率が高い。例えば「このテレビを部屋に置いたらどんな感じになるだろう?」とか「これもいいけど、向こうのとどちらが安いかな」とか、自分の中で自問自答しているわけです。

ということは、その状態はまだ**声をかけるタイミング**ではないということ。店員の話を聞きたいという状態ではないと考えたほうがいい。お客さんの考えを邪魔するだけです。

そして、考えた末にその商品を買わない人は、ここでサッと移動していくでしょう。興味を持てなかった証拠です。

これがもし商品のパンフレットで仕様を確認したり、リモコンをいじり始めたりするようなら、そのテレビに興味を持って調べようとしていることになります。

多分その人はその後、**同じところを行ったり来たりしたり、店員さんの所在を探してキョロキョロし始めるでしょう。**

この状態になったときがようやく声をかけるチャンスというわけです。それが、お客さんが求めているときに、知りたい情報を提供するために声をかけるタイミングなのです。

お客さんが立ち止まった瞬間、「待ってました」と言わんばかりに声をかけるのでは、求めていない人に、求められていない情報を押し付けるのと同じ。もう少し待てば、興味を持って、「声をかけるタイミング」が訪れたはずのお客さんを、みすみす逃してしまうことにもなりかねません。

しかし逆に、「声をかけてほしい」「買いたいから説明を聞きたい」と思っているお客さんを見落として放っておいては、これまたお客さんを逃してしまうでしょう。販売の現場では、立ち止まったお客さんがその商品に興味を持ったのか、持たなかったのか、行動や視線の動きからそのサインを見つけ、声かけのタイミングを見極めることがとても重要なのです。

お客さんの「買いたいサイン」の重要なひとつが、今も述べた「視線」です。

例えば新幹線の車内販売の人たちが車内を回るときは、乗客の視線にとても気を配っているといいます。

新幹線の座席は3つ並びのため、通路から見ていちばん奥、つまり窓側の席に座っている人は、どうしても声をかけづらくなります。ですからそういう人たちは車内販売が来ると、声をかける前に販売員に視線を送っているのだとか。

その視線を見落とさずにキャッチするために、販売員の方はまず端の座席に視線を送り、お客さんとアイコンタクトを取るように心がけているのだとか。

このように「目を合わせる」「視線をチェックする」のはとても重要です。先のテレビの販売に当てはめるなら、お客さんが何を見ているのかを察知する技術です。

話しかけてほしくないと思っている人は、まず商品に視線がいっているので目が合わないでしょう。その後、商品ではなく人を探してキョロキョロしだしたら、すぐにその視線をキャッチして声をかけてあげる。

目が合ったお客さんに声をかけるというのがいちばんの良策だと思います。

お客さんの「買いたいサイン」を見分ければ物は売れる

メンタリズムポイント

余談になりますが、**この項では「キョロキョロする」「視線」「アイコンタクト」といった表現を、あえて繰り返し使っています**。お気づきでしたか？

そう書くともうピンときた方もいるでしょう。そう、これは第2章で書いた、「伝えたいメッセージは表現を変えて繰り返すことで相手の記憶に残りやすくなる」というメンタリズムの手法です。

「ちょっとまどろっこしいな」と思った方、それは、もうあなたの記憶に「目が合った人に声をかけるべし」というメッセージが残っている証拠なのです。

圧倒的に売れる店員の「立ち方」

声をかけるには、タイミングがいちばん重要です。しかしときには、そのタイミングが計りにくいお客さんもいるでしょう。現場経験が浅くてうまくタイミングがつかめないという販売員さんはなおさら、「なんとか売らなきゃ」とあせる気持ちだけが先走りしてしまうかもしれません。また、声をかけないと仕事をしていないと評価されてしまう場合もあるでしょう。

ですから、ここではともかくお客さんに声をかける――そうした状況になったときの立ち居振る舞いについて述べましょう。

お客さんに声をかけるとき、タイミングの次に大切なのは話の内容です。これは量販店などの店員教育にも問題があるのではと思うのですが、ほとんどの場合、最初からいきなりセールストークで始まってしまいます。

メンタリストという立場から言うと、これは絶対にダメ。相手は少なからず「売りつけられる」というマイナスイメージを持ってしまいます。自分が「買いたい」と思っていたとしても、「買わされる」印象になってしまうのです。

ですから、相手が商品説明を求めているかどうかわからないときは、最初からセールストークはしないこと。これが鉄則です。

商品や商売と関係のない話、ちょっとした雑談から入ったほうがいいでしょう。セールス色が薄い、たわいない話であればあるほどいいと思います。

その雑談の中で相手が商品説明を求めていると感じたら、そこで初めてセールストークスタート、です。

例えば私が、「とにかくお客さんには声をかけろ！」と教育している家電量販店で販売員になったとします。当然、お客さんはみんな販売員にあれこれ話しかけられています。そんな中で、お客さんにどうやって声をかければいいか。

私なら、まず最初にこう言います。

「いや〜、すみません。いろんな人に話しかけられて面倒臭いでしょ」

「少しは放っておいてほしいですよね」

「僕らも仕事なんで、ごめんなさいね」

など、お客さんが感じているであろう気持ちに先回りして、そこにあらかじめ触れておくのです。そして**「私はあなたの気持ちをわかっていますよ」「実は私もそう思ってるんです」ということを伝えます**。

そうすると、

「いやぁ、もう少しゆっくり選びたかったんだけどね」

となることが多いし、もしかしたら、

「でもまあ、店員さんも仕事だもんねぇ」

などと言ってくれるかもしれません。それでもまだセールストークはしません。次には例えば、

「『アメトーーク』や家電芸人のおかげで、最近はみなさん、僕たちより商品に詳しいから、こっちが教えてもらったりして。どっちが店員だかわからなくなっちゃいますよ」

「家電って、こうやって見るだけでもなんかワクワクしてきますよね。僕も家電好きなんで、お客さんと一緒になって新製品とか触ってるんですよ」

などと、さらにひと言ふた言の雑談を挟みます。そこでお客さんが、

「そうだよね」「その気持ち、わかるよ」などと応じてくれたら、そこでようやく、

「もし聞きたいことがあったら、声をかけてくださいね」

「そうそう、僕もこのテレビ、前から気になってたんですよ」

と、少しずつセールストークに入っていくわけです。


声をかけるときのポイントは、**最初に一度、お客さん側に立つこと。つまり、「売る側」ではなく「買う側」「売られる側」に立って話をすることです。**

販売の仕事をされている方は、一度、同業他社の店舗にお客さんとして買い物に行ってみるといいでしょう。そこでの接客に対して、自分がどう感じるかを身をもって経験する。そうやってお客さんの心理を理解することはとても大事だと思います。

店頭ではどうしても「販売員対お客さん」という構図になり、対面の状態で接客しがちになります。つまり、中間に引いたラインを挟んで両者が向かい合う対立構造になってしまうのです。だからお互いになかなかラインを越えられず、心理のうえでも

歩み寄りができません。

私がおすすめしたいのは、最初からお客さんの横に立って接客するという方法です。そうすることで、両者の立場は「対面」ではなく「横並び」になります。「販売員がお客さんに商品をすすめる」のではなく、「ふたりで一緒に商品を選んでいる」というシチュエーションが出来上がるわけです。立ち位置の違いだけで、心理的にも「商品を売られている」から、「一緒に選んでもらっている」という変化が期待できるのです。

仲のいい友だちに「コレ、すごくいいよ」とすすめられたテレビと、販売員に「これはいい商品ですよ」とすすめられたテレビ、どちらを買いたいと思いますか？　断然友だちですよね。

「友だちのテレビ選びに付き合っている」ぐらいのフランクな関係が築ければ、お客さんもこちらのセールストークを信用して聞いてくれるでしょう。

商品をすすめる人ではなく、一緒に選ぶ人になる。対面ではなく横並びで接する。そうすることで「この人から買いたい」と思わせる。

接客の基本はここにあると私は思っています。

メンタリズムポイント　大事な友人と一緒に買い物をするように接客しよう

「売れる販売員」は横並びで接客する

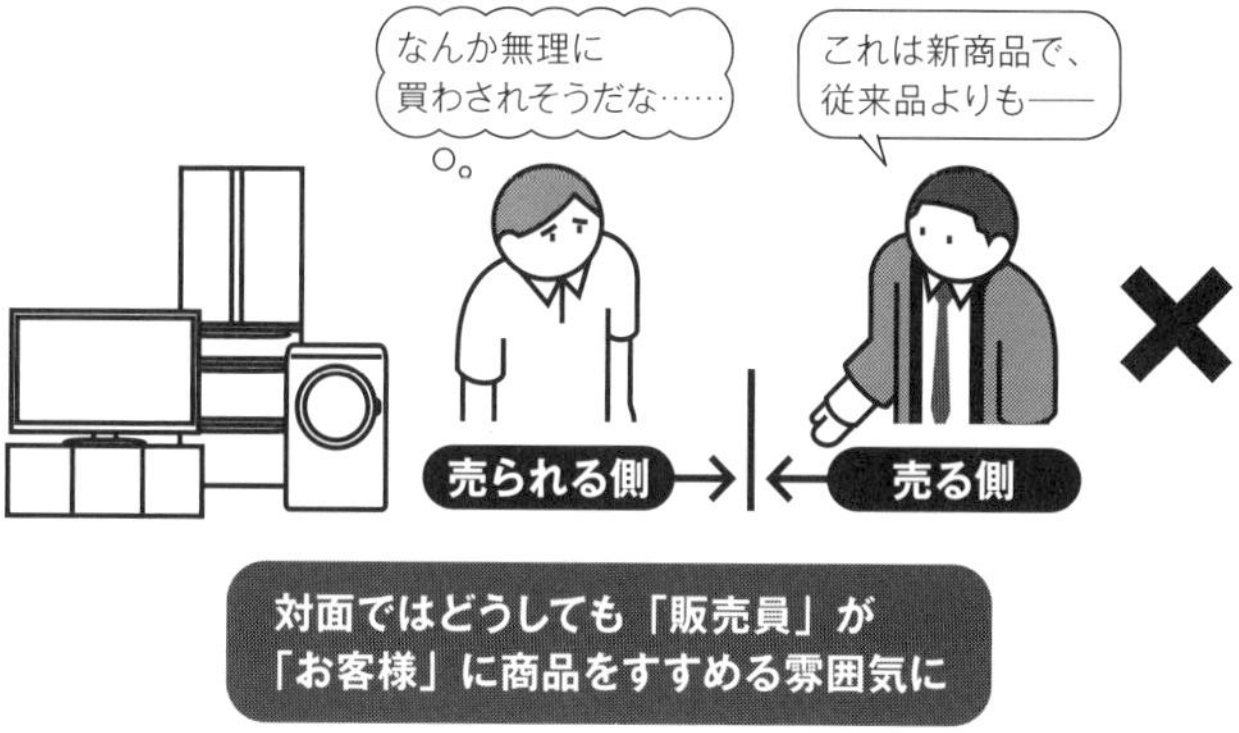

なんか無理に
買わされそうだな……
これは新商品で、
従来品よりも――
売られる側
売る側
対面ではどうしても「販売員」が
「お客様」に商品をすすめる雰囲気に

へぇ、そうなんだ。
買っちゃおうかな
これ、ボクも前から
欲しいと思ってたんですよ
売る・売られるの
境界線がない
横並びでは友人と一緒に
商品を選んでいるという雰囲気に

CHECK

**対面では警戒心を抱かせるからNG。
接客は親近感を抱かせる「横並び」で**

メンタリストを手玉に取ったスゴ腕販売員のお話

実は私も以前、スゴ腕販売員さんに会ったことがあります。雑談から始めるという手法で、つい買ってしまった経験があるのです。

あれは2年くらい前、アップル社からｉＰａｄ2が発売された当時のことです。私は自他ともに認めるＩＴフリークで、そのときも、発売当日に誰よりも早くｉＰａｄ2を手に入れた私は、さっそくそれを持って家電量販店のビデオカメラ売り場を見にいきました。そのときは、すぐにビデオカメラがほしいわけではなく、「いいのがあったら買ってもいいかな」くらいの気持ちでした。

そうしたらある販売員さんが私のｉＰａｄ2にすかさず目を留めて話しかけてきたのです。

「あ、ｉＰａｄ2じゃないですか。僕はまだ買ってないんですけど、どうですか？」

当然、私も買ったばかりで嬉しい。相手からうらやましいと言われたことで、優越感にも浸っていました。だからついつい、

「すごくいいですよ、これ。こんな機能があって、ああでこうで」
といろいろ話をして盛り上がったんです。――で、気がついたらいつのまにかビデオカメラを買っていました。

今思い返してみると、あのときの販売員さんは私に一切のセールストークをしていませんでした。ただ、私が持っているｉＰａｄ２について、私が話したがりそうな質問を投げてきただけ。実際に聞いたわけではありませんが、彼はきっとあの売り場でトップの成績を収めているのではないかと思います。

まさにメンタリストのお株を奪われたというやつです。しかもすごいのは、売られた私のほうも、「いい買い物ができた」というプラスの記憶しか残っていないのです。
「やられた、あの販売員さん、商売上手だったなぁ」と感心したものです。

そう考えると、**成績のいい販売員というのは例外なく、お客さんにしゃべらせるのがうまい人**。商品や価格の説明のほかはお客さんに話させ、聞き役になれる人です。

また**お客さんにしゃべらせることが上手な販売員は、イコール、お客さんに信用さ**

れやすい販売員と言ってもいいでしょう。そしてそれは、メンタリズム的にも説明がつけられます。

まず言えるのは、お客さんに「自分の話を聞いてもらったから、相手の話（セールストーク）も聞かなければ何だか悪い気がする」と知らず知らずのうちに思わせている点です。これは心理学用語で『返報性《へんぽうせい》』といいます。

さらにもうひとつ。

すでに何度も登場している、レオン・フェスティンガーというアメリカの心理学者が提唱した**『認知的不協和』という心理現象です。これは自分の考えや認識（認知）が、自分が遭遇した出来事（認知）と相容《あいい》れない状況になったときに感じるストレス（不協和）のこと**。

そして人はそのストレスを解消するために、自分自身の行動や言動、意識を変更しようとする（つまり、自分の行動や言動と意識のズレのつじつまを合わせようとする）と考えられているのです。

この例の場合、お客さんが持っている「自分は信用している人や親しい人にしか自分のことを話さない」という認知が、「初対面の販売員に自分からいろいろと話をしてしまった」という認知と相容れないという不協和になっています。

そのためお客さんは、その不協和を解消するために、**「この人（販売員）は私にとって信用がおける人なんだ（だから自分の話をしたんだ）」と思おうとする**のです。

要するに〝屁理屈〟であり〝解釈のすり替え〟なのですが、ともかく人には、「自分が話をした人だから、信用できる人だと思い込む」心理があります。話してしまった事実はもう変えられないので、「相手を信用している」という内的評価を変えることでバランスをとるのです。

人は基本的に、信用している人からしかモノを買いません。信用と売り上げは正比例します。ですから、お客さんにしゃべらせるのがうまい販売員は、自然と売り上げも伸びるというわけです。

お客さんにとっての話させ上手、しゃべらせ上手になる――これもビジネス、とくにセールスにおけるメンタリズムの効果的な活用法だと言えるでしょう。

デキるセールスマンは聞き上手

メンタリズムポイント

損をしなければ、誰もが商品をほしくなる

損をするか得をするかわからないというリスクを伴った意思決定に直面した際に、人はどんな選択行動をするのか――心理学者ダニエル・カーネマンとエイモス・トヴェルスキーが『プロスペクト理論』という面白い検証を行っています。

『プロスペクト理論』とは、人は、自分が得をする局面では危機回避的（確実性を重視）になり、損をする局面では危険追求的（バクチに出る）になる。

そして、同じ金額ならば、自分の利益となった満足よりも、損失になった悔しさのほうがより強く印象に残り、損失を回避しようとする行動をとるというもの。

簡単に言うと、**人間は得をする喜びより損をする恐怖のほうが強い**ということです。

これは物を買うときも同じで、「得をする」よりも「損をしない」選択肢を取ろうとします。だから買って損をしないために、自分よりも詳しいであろう人、その道の専門家の意見を聞きたがるのです。

ですから販売する側の人は、お客さんからの質問や問い合わせに対して、常に堂々としていることが必要です。

それはもちろん尊大な態度を取るという意味ではありません。扱っている商品について実はあまり知識がない、詳しいことを知らないという場合でも、絶対にそれを悟られてはいけないということです。お客さんに商品のことを聞かれて、「これは入荷したばかりの新製品で、私もまだそんなに詳しくはわからないんです」などと言っては絶対にダメです。

相手がよほど知識を持っていて、販売員を試してやろうと思っている趣味の悪い人でない限り、ほとんどの場合、そんなに詳しいことや難解なこと、専門的なことまで聞かれることはありません。

それに今の時代、本当に商品に詳しいお客さん、自分が損をしないように比較検討できるお客さんは、店頭ではなくインターネットで買うはずです。

「どれがいいですかね?」「これって、他とどう違うの?」などと聞いてくるお客さ

メンタリズムポイント

商品の売り込みよりも損をしないことを伝えよう

んは、大抵が「自分では選べない」人。自分の意思だけで選ぶと損をするかもしれないという恐怖がある人です。

損をしたくないから「一緒に選んでもらいたい」、もしくは「自分よりも知識があるであろう専門家の意見がほしい」。**損はしないという安心感を得たい**のです。

私がもし新人販売員で、聞かれた商品についてまだそれほど知識がなかったとしても、「私もよく知らない」という雰囲気は絶対に出しません。堂々とした態度と表情で、「どういったシーンでお使いになりますか?」とか「旧製品との違いはこの2つです」とか、自分の持っている知識をフル稼働してお客さんに安心感を与える言葉がけを心がけます。

ウソやいい加減な情報はいけませんが、自信を持って話すことでお客さんの「損をするのではないか」という恐怖は軽減します。

何でもかんでも「これはいい」と売りつけるのではなく、自分がその商品の専門家で、お客さんに専門家としての意見を聞かれているという意識を持って、胸を張ってすすめること。その自信がお客さんの「損をしたくない」心理を刺激して、「買いたい」気持ちへと誘導しやすくなります。

自信のないプレゼンはいいものも悪く見せてしまいます。いい商品はお客さんの人生の質を高めるもの。その商品のよさをお客さんに伝えられないのは、結果としてお客さんに損をさせてしまうことになります。売る側は、損をさせないためにも自信を持って商品の説明をする義務があると、私は思っています。

もちろん自分が扱っている商品について詳しい知識を持っておくのが大前提なのは言うまでもありません。人は自分が「いい」と信じるものしか売ることができません。商品にホレこんで学び、精通することこそが接客時の自信につながるのですから。

セールスマンは商品を売るな！

私は、メンタリズムの知識をメルマガで無料公開しているのですが、以前そこで「アパレルショップの店員は服を売るな」というテーマを配信したことがあります。

その真意は商品である服を売るよりも、自分の知識やキャラクター、そして何より「信用」を売らなければいけないということ。

つまり「自分」という人間性を、個性を売りなさい。「売り込む人」ではなく「的確なアドバイスをくれる人」になりなさい。それができたら、服なんて勝手に売れますよ、という意味です。

とくに販売業や接客業の人は、常に自分がどう見られているかを意識しましょう。

以前テレビ東京系のドキュメンタリー番組『ソロモン流』で、アパレルショップの販売員さんへの接客研修を行ったのですが、私がアドバイスしたのは**「売り込みではない雑談をする。セールストークではなくお客さんにコーディネートのアドバイスをする」**といったもの。つまり、まずお客さんにメリットや利益を与えることが大事だということです。

例えば数日後に商品入れ替えをすることが決まっていたら、「実は、もう○日するとセール品として20％オフになりますから、そこでお求めいただくほうがお得ですよ」と、そっと耳打ちしてあげる。それまでに雑談などで関係性ができていれば、こうした行為によってお客さんに「いい店員さんだ」という信頼感が生まれ、それ以降も「この人から買いたい」と思ってもらえるようになります。

買い物に行って、お店は覚えていても店員のことまで覚えていないという人がとても多くいます。それに、そもそも店員さんが自分の名前を名乗りません。私は「自己紹介ぐらいすればいいのに」といつも思うのですが、そんな方は滅多にいません。

どうすれば自分が魅力的に見えるか。どうすればお客さんから信用を勝ち取れるか。大規模の量販店など同僚が多い現場では、どうすればお客さんに際立った存在感を与えて、〝その他大勢〟の中から、「あの人」になれるか。

あなたに会いたくてお店に来る、あなたに選んでほしくてお店に来る、そう思ってもらうにはどうすればいいかを常に考えましょう。

親切でいろいろ世話をしてくれる店員さんはお客さんからも人気があります。至極当たり前のようですが、これもメンタリズムで説明がつけられます。

人は、相手がすごく親切だったり、自分のために頑張ってくれたりすると、今度は自分が相手に何かしてあげなければいけないと思うもの。これは前述した『返報性』という人間の心理現象です。

人間は、誰しも感情が安定する基準点を持っています。

本来の基準点は、こちらの「期待」と相手の「行為」がイーブンのとき。相手が期待通りのことをしてくれたとき、人はもっとも感情が落ち着きます。

ところが相手の行為が自分の期待を上回る、つまり期待以上のことをしてくれるとバランスがイーブンではなくなり、感情の基準点がズレてしまうのです。

そういう状態になると人は、基準点をイーブンに戻さないと落ち着きません。平たく言えば、「こんなにしてもらって、悪いな」という気持ちになるのです。そして、上回った分をお返しすることで基準点を修正し、落ち着こうとするわけです。言葉はあまりよくないですが、**「罪悪感が人を動かす」**とも言えるでしょう。

お客さんに自分をアピールするためには、こうした人間心理を上手に活用するといいでしょう。つまり、接客する中でお客さんに「何か、悪いな」と思わせるのです。

例えば、お客さんからある商品の在庫を調べてほしいと言われたとします。

多くの場合は「今、お調べしますね」といって、普通に倉庫を確認したり他の系列店に連絡を取って調べたりして、在庫の有無をお客さんに伝えるでしょう。

しかし私ならこうします。倉庫も他店もすべて調べて確認したうえで、わざわざお客さんのもとに一回戻ってきて、

メンタリズムポイント

人は信用している人からしか買わない。まずは信用させること

「すみません。今、当店には在庫がないので、○○店、△△店、××店にもう一度聞いてみますね」

と言って、もう一度、調べに行くのです。するとお客さんはだんだん、「店員さんが自分のために一生懸命に頑張って調べてくれている」という気持ちになってきます。あえて、大急ぎで一度戻ってくる。これが大事です。思いやりや親切は行動や言動にしないと伝わらないものです。

ただ「私はこんなに頑張って調べました」という〝いかにも〟な感じではなく、あくまでもさりげなくアピールする。そうすることでお客さんに「そんなに調べてもらって、何だか悪いな」と思わせることができるのです。

ただし、あまりにモタモタしすぎると「仕事が遅い人」になってしまいますから、やや時間がかかっているなと思われるくらいがちょうどいい頃合いです。

相手の心理を利用した演出をすることで、**多くの時間とたいへんな労力をかけて探してくれたという「恩」を感じてもらえます。そしてその恩はやがて信用に変わり、その信用からお客さんに「あの人から買いたい」と思ってもらえる**のです。

セールスとは、お客様が主演の「物語」である

例えば、あなたが父の日のプレゼントにサイフを買おうと、お店に出掛けたとします。そこで販売員に「ご自分用ですか、プレゼントですか」と声をかけられ、「実はオヤジへのプレゼントを探していて――」と応えたとしましょう。

するとその販売員はこう言いました。

「実は私も去年、これと同じブランドの少し前の型のサイフを、結構頑張って父親にプレゼントしたんですよ。そしたら、普段はあまり口もきかないオヤジなんですけど、すごく喜んで、昔の話とか今の仕事の話とかで盛り上がっちゃいまして――」

この話を聞いたとき、あなたは自然と頭の中でその販売員のお父さんを想像したのではないでしょうか。偏屈で無口でいつも難しい顔をしているお父さんが、プレゼントをもらって上機嫌になって、息子と一杯飲みながら「いや実は、父さんは昔、母さんとな――」なんて話をしているシーンが浮かんできませんでしたか？

そしてあなたは、そのサイフを買おうと思い始めているでしょう。

それはセールストークがとても巧みだからです。ただ単に「これは人気がありますよ」「年配のかたにお似合いですよ」とすすめるのではなく、**そのサイフをプレゼントしている情景やストーリーを想像させている**。あなたの頭の中に、父の日の情景を、まるで動画のように流れさせている。その時点で、もう販売員の勝ちなのです。

さらに重要なのは、販売員本人ではなく、**「お父さん」という、その場にいないキャラクターを登場させていること**です。だからお客さんにとってその「お父さん」は、お客さんの中で勝手に思い描く「お父さん」なのです。

販売員自身の話ならば、目の前の「その人」ですが、その場にいない人を出すと、あとは勝手にお客さんがイメージを膨らませてくれます。言い方を変えれば、**相手の想像力を使ってしまおう**というわけです。

このように相手の頭の中で擬似体験をさせる「バーチャルトーク」を身につけるために鍛えるべきは、**説明力と表現力**です。これらは特別なレッスンを受けなくても、友だちや家族、恋人を相手にして練習すれば十分に鍛えられます。

メンタリズムポイント **セールスでは、買った後の幸せなストーリーを想像させよう**

説明力を鍛えるなら、専門知識のない人に自分の専門分野、得意分野の話を、専門外の人やその知識のない人にわかりやすく説明するトレーニングをします。

また表現力を鍛えるために私が行っているのが、**ドラマ、映画、コミックのワンシーンを、その作品を知らない友だちに向けて実況説明するというトレーニング**。

これは、聞いた相手がそのシーンを頭の中で思い描けるように、心を揺さぶるような形容詞や例えをふんだんに使って情景描写の練習をするもの。例えば、有名な映画『タイタニック』のワンシーンなら、「ローズの手をジャックがとって、怖がっているところを前に連れて行って、そうするとローズの頬が少し赤くなって……」などと、まるで動画が流れているように説明します。

そしてひと通り説明したあとで、答え合わせをします。これが大事で、実際のシーンと相手が想像したシーンの違いをフィードバックしてもらい、表現力が足りなかったのはどの部分か、どういう言葉が相手に届きやすいかなどを再チェックします。

商品を買った後の展開を、形容詞や例え話を使って思い描かせる。その商品がある光景や情景を想像させる。販売員はそんな、店頭に立つストーリー・テラーであるべきだと思います。

相手の「想像力」を最大限に引き出す ストーリーの語り方

実は私も去年、父親にこれと同じブランドの
少し前の型の財布を、結構頑張ってプレゼントしたんですよ。
そしたら普段はあまり口もきかなかったオヤジがすごく喜んで、
昔の話とか今の仕事の話とかで盛り上がって――
頑固なお父さんも
喜んでくれるんだったら、
ウチのオヤジも……

①店員さんにとっては「頑張って買う値段」と言うことで、
お客さんの優越感をくすぐる

②目の前の店員さんではなく、「お父さん」という
第三者で想像力をふくらませる

③オーバーなぐらいの言い方で、より印象付ける

CHECK

形容詞、ジェスチャー、例え話を大げさなほど使ってお客さんの想像力をふくらませる

あなたのねらい通りに商品が売れていく「選択の暗示」

例えば、デジカメを買いに行ったお店で、同じメーカーのグレードが異なる3種類の機種――5万円のモデル、3万円のモデル、2万円のモデル――を見せられました。さて、この3つからひとつ買うとしたら、どれを選びますか？

こうした状況に置かれると、**多くの人が真ん中の3万円のモデルを選ぶ傾向にある**ということが心理学的に実証されています。

商品に関する情報が少なくて、かつ価格帯の選択肢がふたつしかない場合、約70％の人が価格の安いものを選び、価格帯の選択肢が3つになると中間（真ん中）のものを選びやすいという現象です。これが**『ゴルディロックス効果』**です。

いちばん高いものや、いちばん安いものではなく、〝中を取って〟真ん中を選択しようとするという購買心理の法則です。

『ゴルディロックス効果』は私たちメンタリストもパフォーマンスをする際に様々な形で取り入れています。

以前『所さんの目がテン』というテレビ番組で、「テーブルの上に赤青黄の３本のペンを横一列に均等に並べて、無作為に１本を選ばせる」という実験をしたところ、約70％の人が真ん中（このときは赤ペン）を選ぶという結果が出ました。こうしたケースでも両端は選ばれにくく、真ん中が選ばれやすいことが証明されたのです。

この『ゴルディロックス効果』を上手に活用すれば、お店が〝売りたい商品〟を、お客さんに自発的に選んでもらうという誘導も可能になります。

つまり、**売りたい商品（B）があるなら、あえてBより高額でハイグレードなAと、Bより安価でローグレードなCを一緒に並べて提示します。そうすれば、お客さんは極端性を回避しようと〝中を取って〟店が売りたいBを選びやすくなる**わけです。このときの価格差は「A：B：C＝6：4：3」が効果的だと言われています。

ところが販売員さんの多くは、売りたいBと同価格帯・同グレードの商品を並べる傾向にあります。どれかひとつでも売れればいいという気持ちが働くからでしょう。

そうするとどうなるか。

お客さんは同価格・同グレードのものを横並びで見せられるため、ひとつだけを選

メンタリズムポイント

売りたい商品は、常に「真ん中」

べなくなるのです。これでは、最終的に「やっぱりもう少し考えてから買いに来ます」となる可能性が高くなるでしょう。売りたいものを買わせたいのなら、グレードに差をつけた選択肢を用意して、**横並びではなく、縦並びで提示する**のが良策です。

また選択肢が多すぎるとそれだけで迷いが生まれます。**人が迷わずに決断できる選択肢の数は5個が限界です**（私は5個でも多いと思っているのですが）。それ以上になると『選択回避の法則』が働いて選べなくなり、選べなくなると今度は『現状維持の法則』が働いて、結果として「買わなくていいや」と感じてしまうのです。

積極的にお客さんのほうに選択してもらうのなら、選択肢は少ないほうがいい。3つ以下に絞ってあげるのがベストでしょう。

また、3つの選択肢を提示する際は、**①もっとも高価な「A」→②すごく安い「C」→③本命の売りたい「B」という順番で見せればより極端性が強調され、お客さんは真ん中をより選びやすくなります**。いちばんグレードの低い「C」だとセコイ感じがするから少し見栄を張りたい。でもいちばんグレードの高い「A」では贅沢すぎる。だからちょうどいい「B」を選ぼう——。人間のこうした心理を巧みに突くことも、メンタリズムの有効活用法のひとつなのです。

売りたいものを買わせる「ゴルディロックス効果」

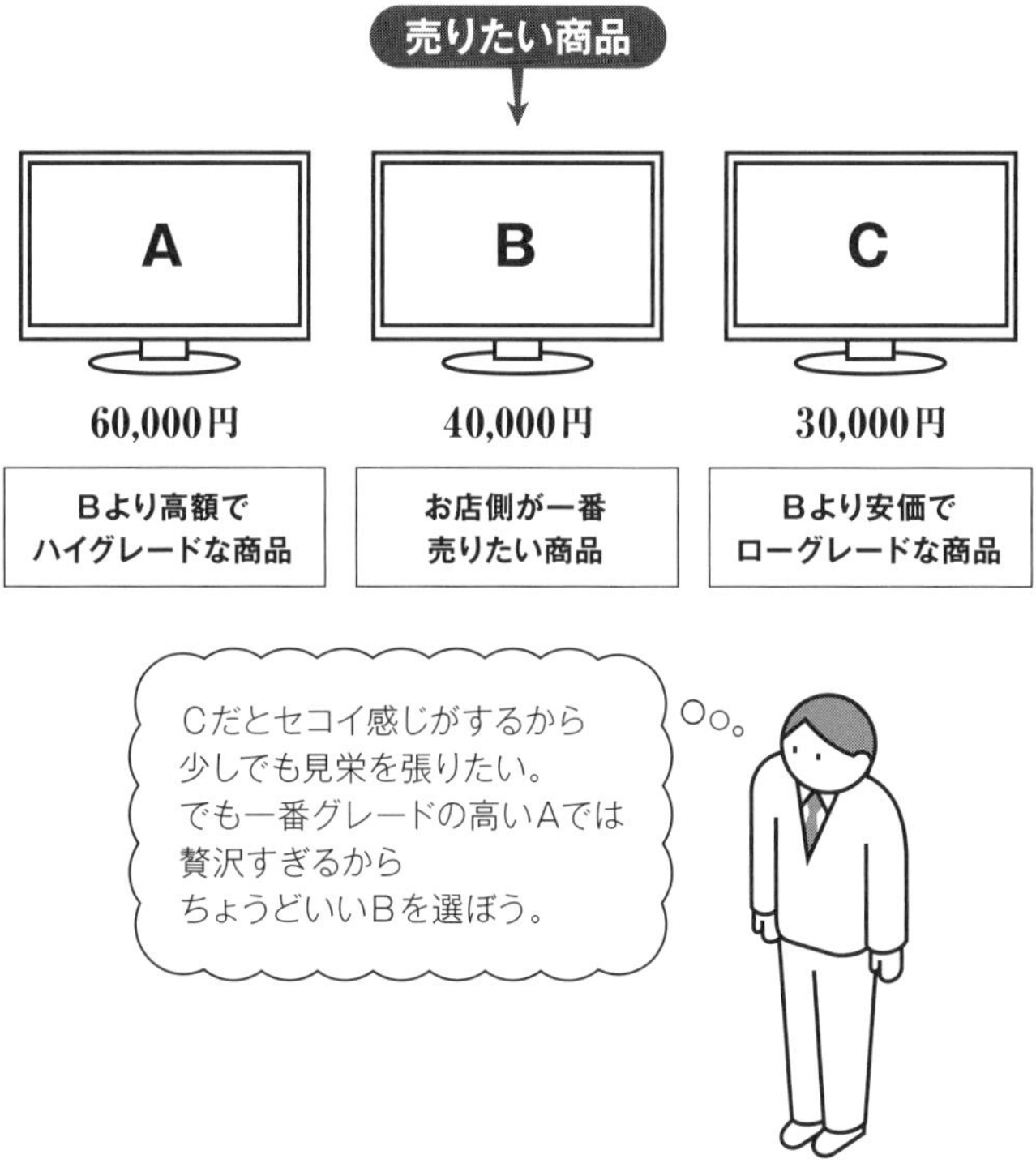
売りたい商品
A
B
C
60,000円
40,000円
30,000円
Bより高額で
ハイグレードな商品
お店側が一番
売りたい商品
Bより安価で
ローグレードな商品
Cだとセコイ感じがするから
少しでも見栄を張りたい。
でも一番グレードの高いAでは
贅沢すぎるから
ちょうどいいBを選ぼう。
Oo。

CHECK **選択肢は3～5つ。価格差は6：4：3が効果的。お客さんに「選びやすく」してあげるのもデキる販売員の条件**

父と息子の物語に学ぶセールス戦略

突然ですが、ここでクイズをひとつ。

父親が一人息子を連れてドライブに出かけました。ところがその途中で父親がハンドル操作を誤り、電柱に激突する大きな交通事故を起こしてしまいました。父親は即死、助手席の息子は意識不明の重体になり、すぐに救急車で病院に運ばれました。

幸運にも天才外科医との呼び声の高い、その病院の院長が直々に手術をすることになりました。助手や看護師を従えて手術室に入り手術台に寝かされた子供を見るなり、院長は「これは私の息子じゃないか！」と叫んだのです——。

いったいこれはどういうことでしょう？

さあ、おわかりですか？　父親は事故で即死したはず？　事故死したのは母親の再婚相手（継父）で院長は実の父だった？

――答えは、院長先生が子どもの「母親」だった、です。

わからなかった人は、天才的な外科医、病院の院長と聞いて、つい「男性」だと思い込んでしまったのではないでしょうか。しかしそうとは限らないのです。これは、そうした思い込みや固定概念を試す心理テストでした。

このように、人間とは非常に思い込みの強い生き物です。そして人は誰しも多かれ少なかれ思い込みを持っています。

思い込みとは「執着の強すぎる考え方、頑なに信じきること」ですが、理屈や理論を超えて存在するため、これを捨てるのはなかなか難しいことです。人の思い込みをすべて取り去るのはおそらく無理でしょう。

しかし、自分が何かしらの思い込みに支配されていることを自覚し、他の人もみんな同じだと気づけば、**思い込みを逆に利用することもできる**のです。

アパレルショップの販売員さんを例にとってみましょう。洋服を買いに来たお客さんが「私は赤が似合わない」という思い込みを持っていることがわかったとします。もちろん、本人が似合わないと決め付けているのだから、無理に赤い服はすすめないという接客方法もあるでしょう。

しかし私なら、その思い込みを逆に利用しようと考えます。

赤が似合わないと思い込んでいるということは、今まで他のどの店でも赤い洋服を買っていないはず。そういうお客さんだからこそ、私がその思い込みを取り除いてあげることができれば、「試しに買ってみようかな」と思わせることができれば、その人は次からもウチで赤を買ってくれるだろう。リピーターになってくれる。そのお客さんの〝オンリーワンの店〟になれるだろう。そう考えます。

これはフランスの欧州経営大学院（ＩＮＳＥＡＤ）教授のＷ・チャン・キムとレネ・モボルニュが提唱した『ブルーオーシャン戦略』に通じる考え方です。『ブルーオーシャン戦略』とは競争の激しい既存市場ではなく、競合のない新しい価値市場を

創造していく戦略のこと。

参入障壁が高ければ高い領域ほど、一度入ってしまえば他の追随を許さない（競合のない）唯一無二になれます。実は私のメンタリズムも、こうしたブルーオーシャン戦略をベースに展開してきました。私にとってバイブル的な1冊です。

話を戻しましょう。では、先ほどの例で、赤い洋服は似合わないと思い込んでいるお客さんに赤い洋服を売るにはどうすればいいのでしょうか。

私ならまず、そのお客さんがなぜ赤が似合わないと思っているのかを推理します。

強い思い込みを持っている人に、「なんとなくそう信じている」というケースはほとんどありません。理由のない思い込みはないのです。

「赤が似合わない」と思い込むには、「私には派手すぎるから」「太って見えるから」などなど、その人なりの明確な理由が存在するはずです。

例えばそのお客さんが、ひいき目に見てもスラリとはしていなくて、手に取る服、着ている服も黒や紺ばかりであれば、「太って見えるから赤は似合わない」と思い込んでいるのではないかと想像がつくわけです。

そこで、「私、赤は似合わないんですよ」と言われたときに、「お客さまは、赤とか華やかな色がお似合いだと思うので、もったいないですよ」という話から入ります。ポイントは**「もったいない」**のひと言です。あなたの魅力を引き出してくれる色なのに選ばないなんて、なんてもったいないないと。そこで、例えば、「ジャケットの内側のカットソー、赤のVネックなら**シャープな印象**になりますよ」「襟元のスカーフを赤にして高い位置に目立つポイントを持ってくれば、**小顔に見える効果もありますよ**」

と、**「赤は膨張色で太って見える」**という思い込みの逆を突きます。**細く見せたいという相手の欲求を、相手の苦手だった赤を使って満足させるすすめ方をする**わけです。

いきなり赤いジャケットや赤いシャツが難しければ、ワンポイントでアクセントになるアイテムを赤にすることをすすめればいいのです。その1カ所が変化のきっかけになることが少なくありません。最初はシャツのステッチ部分に赤を使っているものをすすめて、次は赤い刺繍《ししゅう》やプリントなどがデザインされたものをすすめ、と少しずつ赤の面積を増やす、グレードアップしていくのです。

メンタリズムポイント

相手の思い込みにセールスをかけろ！

ともかく一度チャレンジさせることが大事です。そのために活用したいのが『リスクリバーサル』という手法です。

これはお客さんが商品を買う際に感じる不安やリスクを、売る側が代わりに引き受けることで買いやすい環境をつくること。いちばんわかりやすいのが返金・返品保証、「効果が無ければ全額お返しします」という手法で、この例ならば「返品できるなら、赤にも挑戦してみようかしら」と購入のハードルが下がるわけです。

ちなみに返金期間が長ければ長いほど、返品率は低くなるという研究結果が出ています。いつでも返品できると思うと人は返品すること自体を忘れてしまうのです。

話は飛びましたが、つまり、相手の持っているマイナスの思い込みを逆手にとって、思い込みをそのままプラスに活かす提案をする。

それによってお客さんの思い込みを見事に覆《くつがえ》すことができたら、その店は（その販売員さんは）お客さんにとってオンリーワンの存在になれます。前述したような「この販売員さんは信用できる。またこの人から買いたい」という存在になれるのです。

ないものはほしい!! ないモノねだりの販売戦略

以前、あるテレビ番組で、**「マツコ・デラックスさんサイズのTシャツを20枚作って渋谷の109で売ったら、果たして売れるでしょうか」**という実験をしていました。

私の予想は「絶対売れる」です。その理由はふたつ。

ひとつは、「販売員さんがそのTシャツを自分でも着ながら売る」という条件があったからです。

お客さんは販売員さんをモデルさんだと思って見ています。そして「あの服を、あの人のようにかわいく着こなしたい。あの人のように着こなせば、かわいくなれるかも」と思います。販売員さんはマツコさんサイズのダボダボなTシャツにベルトを合わせたり、裾を縛ったりして、自分なりの着こなしを見事に作っていました。するとお客さんも「こう着ればいいのか」と**「マツコさんサイズのTシャツを着こなしている自分」を想像できる**のです。

そう想像させた瞬間に、これはもう絶対に売れるだろうと思いました。

販売員さんにはそのショップで「売れていない服」を着せるといいとよく言われています。売れていない服を、販売員が着てアピールするのは、アパレル業界ではよく使われる手法なのです。

そしてもうひとつの理由が、20枚限定だったことです。

整理券がなければ買えない「初回限定版」にできる行列、スーパーのタイムセールに殺到する主婦、お正月恒例の福袋の盛況、普通なら買わないのに海外では散財してしまう旅行客――人間は「○○限定」とか「今だけ」「売り切れ御免《ごめん》」といったフレーズについつい心を動かされがちです。

それは「今、買わないともう手に入らない」「数が少ないからみんな買いたがるはず」「人よりも先にほしい」「だから少しぐらい高価でも仕方ない」という心理や思考が働くからです。

その底辺に存在するのは**「なくなってしまう」という恐怖、そして手に入れられなかったときの後悔**です。

セールスの常套手段《じょうとうしゅだん》ではありますが、商品は何かを限定したり、購入条件を制限することで、格段に売れるようになります。**人は手に入れるチャンスが少ない（希少性の高い）ものにより価値を感じて購買意欲をそそられる**ものなのです。

このマツコサイズTシャツの実験で惜しかったのは、「20枚限定」と提示して、そのまま最初から20枚全部のTシャツをハンガーに掛けてあったことです。

私がもしこの実験に参加していたら、お客さんにより「限定感」や「希少感」を持たせるために、20枚限定と提示したうえで、あえて15～16枚をハンガーに掛け、あとは空ハンガーにしておいたでしょう。

売れている感、みんなが買っている感を出す。その状況がお客さんの**「もうこんなに売れている。私も買わなきゃ」という購買意欲を、より高めてくれる**のです。

いつでも手に入るものより、供給数が少ないものに価値や理由を見出して、それを前にすると「ついつい」「勢いで」買ってしまう。心理学で言うところの『希少性の原理』は、今も昔もこれからも、いつの時代にも有効な超定番セールステクニックなのです。

限定だから今すぐ買いたい。でも財布の中身が心細い。こういうお客さんを購入に導くのが、クレジットカードや分割払い、電子マネーなどでの支払いです。

人には心理的距離という概念があって、時間的に遠いものや心理的に距離のあるものはイメージできず、時間的に近くて心理的に距離が少ないものはイメージしやすい傾向があります。

買い物に当てはめるなら、**「商品を手に入れる」というメリットを近く（今すぐ）に、「支払い」というデメリットを遠く（後で）に感じさせればいい**。財布から現金を払うというリスクを、後払いという方法で払拭しているのです。これは先ほど述べた『リスクリバーサル』のひとつでもあります。

「今しか買えない」と思わせればほしくなる

メンタリズムポイント

先送りがクセになっている人へ――まず行動。それが不安を取り除く

やらなければいけない仕事があるのに、「後で」「そのうち」「いつか」と、ついつい先延ばしにしてしまう人がいます。

人は、行動を起こす前にあれこれ考え始めると、物事を、よりマイナス方向に捉えがちになります。「失敗したらどうなるか」「大したメリットがないんじゃないか」「トラブルが起きたら誰が責任を取るのか」など、考えても切りがないネガティブなことばかりを考えすぎてしまうのです。この「考えすぎ」という心理状態が、いざ行動するというときになって、モチベーションを抑制する方向に作用してしまいます。

また、**考えすぎる人や物事を先送りしがちな人に共通しているのが「完璧主義」である**という点です。完璧主義とは、実は「他人に評価されたい」という心理の表れです。他人の目を気にしているから、100パーセント成功するという確信が持てなければ物事を始められないのです。

結局、物事を先延ばしにする、行動に移すのが遅くなるという心理のもっとも大きな原因は「失敗することへの不安」です。完璧主義もしかり。「失敗したらどうしよう」という恐れや責任感などを感じ過ぎて、最初の一歩を踏み出せなくなるのです。

それならば解決するのは簡単です。その原因を減らせばいいのです。

例えば100ピースのジグソーパズルに挑むとしましょう。いきなり全体図を完成させようとじっと100個のピースを眺めているだけでは、いつまでたってもパズルは完成しません。人物画のパズルならともかく目から作ってみる、口から作ってみる、というように、まず一部分でもいいから手をつけてみます。

全体から見ればわずか数パーセントの部分ですが、まずは始めることが大事。目ができたことで鼻が見えてくる。耳が見えてくる。やがて全体像が見えてきます。

全体が見えなくて不安だからこそ、その不安を取り除くために行動する。**全体を見てから行動するのではなく、「全体を見るために」まず行動すべき**なのです。

先延ばしのデメリットは人間関係にも当てはめることができます。

私はなるべくパーティーとか交流会などに参加して、様々な業界の方との人脈作りをしようと思っています。みなさんの中にも、そうした集まりに積極的に参加されている人がいると思います。ただ、パーティーで会った人とは挨拶と名刺交換、アドレス交換くらいで終わるのが大半。結局はその後連絡も取らずじまい。後に交流が続いたり、一緒に仕事をするというケースはあまり多くないのではないでしょうか。

私はそんなときこそ、「今でしょう」と考えます。

先日もあるパーティーでファッション業界の人に会いました。そのパーティーが終わって帰る途中ですぐ、その人に「ぜひ、一緒に何かをやりましょう。ついてはいつ頃にお時間ありませんか？」というメールをしました。

メンタリズムとファッションをどうコラボするかとか、そんなことはその段階ではまったく考えていません。でも、とにかくアポイントを取ってしまいました。一度会って、ダメだったらダメで別にかまわない。タイミングが合わなかっただけ。でもその行動で、その人との人間関係が始まります。**行動することで関係性がスタートするわけです。**

今、その人とは仲のいい飲み友だちになっています。

大事なのは最初の一歩です。動くならすぐ。やるなら今。とにかく動いてみる。あなたが動けば周囲の状況も動き始めます。考えるのはそれからでいいのです。

第4章

人間関係のストレスをなくす心理戦略

無口な人ほど、実は話したがっている

人間関係を築きにくい人のなかでもいちばんに挙げられるのが「無口な人」です。コミュニケーションがことのほか重要視される現代社会において、無口はプラスよりもマイナスに働くことのほうが多くなっているように思えます。

同じ職場の同僚とか友だち付き合いというのであれば、別に無理して話さなくてもいいし、「アイツは無口なヤツだから」で済まされるのでしょうが、これが営業や交渉の場で、相手が取引先の担当者やお客さんの場合にはそうはいきません。

ビジネスだから必要最低限の仕事の話さえできればいいと言えばそれまでですが、雑談のひとつもないような無口な相手だと、取引先の担当者やお客さんに「何を考えているかわからない」「どんな人なのかわからない」という警戒心が芽生えて、ビジネスそのものにも支障が出てくる可能性も大いにあります。

しかし、です。

ほとんどの人は「コミュニケーションを図るのが難しい相手＝苦手」と考えるかもしれませんが、私の考え方は逆です。例えば、**打ち合わせや交渉で、現れた相手が無口で一見不機嫌に見える人の場合、私は思わず心の中で「ラッキー」とガッツポーズをとります**。

それはなぜか？　実は、**無口な人のほうが、コミュニケーション能力が高い人よりも仲良くなりやすい**から。理由は簡単。無口な人は自分だけに無口なわけではなく、誰に対しても無口な人だからです。ということは、打ち解けて話せるようになったら、ものすごく仲良くなれる。なかなか他人に心を許さない人だからこそ、一度心を開いてくれたら一気に深い付き合いができるのです。

話が上手で、人当たりがよくて、ハキハキと明るくて、周りに自然と人が集まってくるタイプの人は、基本的に誰に対してもそうです。

そういう人と個人的に打ち解けて仲良くなるまでには、むしろすごく時間がかかります。普段からたくさんの人を相手にし、誰にでもフレンドリーに接しているので、どうしても〝その他大勢〟になってしまう。相手の心の内側まで、すぐには入っていけないのです。

一方で無口な人というのは、誰に対しても無口ですから、周囲もあまり話しかけません。そういうタイプであれば、そんなに友だちも多くはいないでしょう。親友のような深い友人が数人いるくらいだろうと想像できます。ならばもし打ち解けられたら、深い友だちになれる可能性は逆に高いだろう、と考えるわけです。

以前私がよく訪れていたアクセサリーショップがあるのですが、そこのオーナーが無口で全然しゃべらない。ショップにいても接客もしない。職人気質《きしつ》を絵に描いたような人だったのです。でも私から積極的に話しかけていき、すごく仲良くなりました。今でも飲みに行ったり、ショップのパーティーでパフォーマンスをしたりするいい付き合いをしています。

あるとき彼に聞いたんです。「僕みたいに話しかけてくる人っていました？」と。

そしたら彼はポツリと、「いや～、誰もいなかったね」。

無口な人には周囲が話しかけないから、一度仲良くなったらその人の唯一の存在になれるといういい例だと思います。

人間は基本的に自分のことを見てもらいたい、話しかけてもらいたい、わかってもらいたいという欲求を持っています。これは誰にも必ずある根源的な欲求です。

それでいながら、無口であまりしゃべらない人というのは、どんな話をすればいいのかわからないか、もしくは警戒心や恐怖心があってしゃべれない、だいたいがこのどちらかでしょう。**人と会話をするのが「嫌い」なのではなく「本当は話したいけれど話せない」人**なのです。

ですから私は、仕事で知り合いが誰も来ていないような立食パーティーなどに行くと、まず無口な人を見つけて話しかけます。

パーティーでよく言う〝壁の花〟になってしまうのは、話したいけれど話の輪になかなか入れない人。そういう人に気さくに話しかけて仲良くなり、人脈のキッカケを作るようにしています。最初は一瞬「えっ？」という顔になるかもしれませんが、それは驚きであって嫌がっているわけではありません。

メンタリズムポイント

無口な人ほど仲良くなりやすい

相手の表情を見れば、驚きと嫌悪の区別はつきます。嫌悪の感情を持っている人は「鼻にシワが寄る」「上唇が上がる」「眉が下がる」「下瞼《まぶた》が上がる」（P・エクマン／W・V・フリーセンの『表情分析入門』より）といった表情が表れます。

こうした表情を観察することで、相手が話したいけど話せないのか、自ら会話を拒絶しているのかを判断し、相手が話したがっているなら、雑談でも挨拶でもいい、こちらから積極的に声をかけてあげましょう。きっとそこから新しい人間関係が始まるはずです。

無口な人ほど、実はコミュニケーションを欲している、仲良くなれたら「すごく仲良くなれる」と考えるべきなのです。

声をかけたときの
相手の反応を読み取る

例）パーティーなどで相手に声をかけたとき

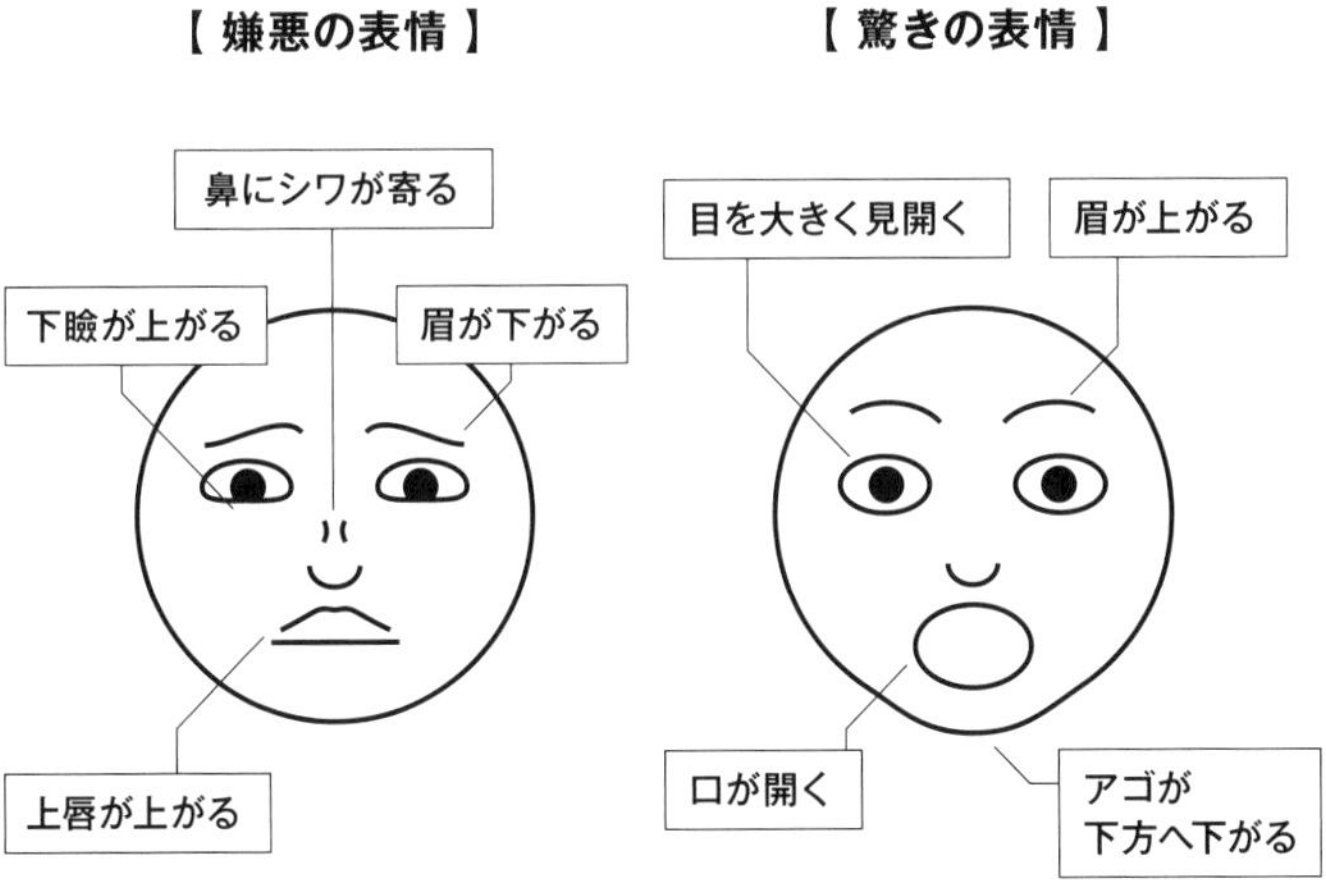
【 嫌悪の表情 】
鼻にシワが寄る
下瞼が上がる
眉が下がる
上唇が上がる
【 驚きの表情 】
目を大きく見開く
眉が上がる
口が開く
アゴが
下方へ下がる

声をかけた瞬間の
微妙な表情の変化で
相手の心理状態がわかる

CHECK **驚きと嫌悪の区別ができれば、**
初対面のコミュニケーションも怖くない

人間関係の怒り、ストレスを消し去り、仕事で成果を上げる習慣

人間関係というのは常に良好だとは限りません。時には頭に来ることも、ムカっ腹が立つこともあるでしょう。それはとても当たり前のこと。感情の生き物である人間同士の付き合いなのですから、摩擦《まさつ》や衝突《しょうとつ》がないほうが異常です。大事なのは、そうした場合の「怒りの扱い方」や「ムカついたときの対処の仕方」です。

アメリカ合衆国第16代大統領のリンカーンは、当時の米軍内において、兵士同士が口論やケンカになりそうになってもその場では絶対にやりあわず、翌日になるまで待てというルールを作りました。すると集団内でのいざこざが激減したといいます。

つまり、「ムカついたら一回、冷静になって気持ちを整理しろ」ということです。

頭に来たときに、自分の怒りをすぐにバーッとまくしたてて言う人がいますが、そういう人は大抵、「自分のほうが論理的に正しい」と思い込んでいるもの。

しかし人間、論理よりも感情のほうが圧倒的に足が速いのです。感情のほうが先に

表に出てきてしまう。

その場ですぐに口に出して言うと、その言葉は得てして感情に引っ張られてしまいます。すると要点がズレたり、無関係な事柄を持ち出したりしがちです。感情が先に出て、論理的な考えや言葉を制御できなくなり、怒りの内容が相手に論理的に伝わらないことが多い。

人間の心の中の怒りというのは、本当に伝えたい怒りが真ん中にあって、その周囲がトゲトゲした感情で包まれている、いわば金平糖《こんぺいとう》のような形をしているのではないか、私はそう思っています
この金平糖を相手にぶつけると、相手にはトゲトゲしている感情の部分だけが触れてしまい、それに相手も反発してしまう。相手も同じように怒りの金平糖を持っていたらなおさらです。トゲがぶつかり合うだけで、お互いに本質にまで届きません。

でもある程度の時間を経ることで感情のトゲトゲが溶けて消えれば、コアにある怒りの本質が明確に露出して、相手にも直接伝わるようになる。そうすれば感情同士のぶつかり合いによるケンカではなく、原因はどこにあるか、どうすれば折り合いが付けられるかという論理的な議論なり折衝ができます。

メンタリズムポイント

怒っても得るものより失うもののほうが多い

だからリンカーンは「ケンカになりそうなときは一晩寝かせろ」といったのです。

ビジネスで取引先などとの間に起こるトラブルや行き違いなどでもそうです。約束していた金額と違うとか、段取りに間違いがあったとか、担当者の態度が悪いとか——様々なトラブルがあるでしょう。

そうした場合でも、その場ですぐに苦情を言ったり相手を責めたりせずに、まず一旦は自社に持ち帰ります。そして落ち着いて感情を整理し、トラブルの原因を探し出して対応策を検討する。そして冷静な判断のもとで、苦情を言うなり、説明を求めるなり、場合によっては法的手段に訴えるなりすればいい。

一時の感情に任せて問い詰めたりすれば、大騒ぎになってしまうこともあります。冷静に検証したら、落ち度はこちらにあったというケースもないとは限らないのです。

自分の気持ちを鎮めて冷静になる方法は他にもありますが、私が実践しているのは**「鏡を見る」**です。人はイライラしたりムカついたりして心が乱れていると必ず表情にでます。その表情を客観的な立場で眺めるのです。近くに鏡がないときはＯＦＦ状態のスマホの画面を鏡代わりに使っています。すると「オレ、こんなイヤな顔してる」と思うと我に返ってスーッと冷静になれるのです。ムカッときたときの心の鎮め方としてオススメです。

紙とペンだけで感情を自在に操るセルフコントロール術

リンカーンが行った「時間をおく」「感情の冷却時間を作る」のも効果的ですが、それと合わせてもうひとつ、**感情を整理するための方法としておすすめしたいのが、「書く」ことです**。これは私自身が実際に使い、その有効性を実感しているものです。

相手にイラッときたりムカついたとき、家に帰って、そのムカついたことを紙に書き出すのです。ノートでも折り込みチラシの裏でも何でもいい、とにかく自分は何にムカついたのか、その理由をすべて、箇条書きでいいから書き出します。

ムカつくことをバーッと書き出したら、その中から感情を消していきます。客観的な事実、論理的に筋が通っていることだけを残し、自分の感情だけムカついていることに線を引いて消していくのです。

すると多くの場合、ほとんどのムカつき原因は消されてしまい、トラブルや揉《も》め事の本質的な原因となる要素だけが残されるわけです。

こうして紙に書いて**自分の怒りやムカついている感情を一旦、脳の外に取り出して目に見える形（文字）にしてみる。可視化することで、人間は冷静さを取り戻します。**

不条理なことや不誠実なことに対して相手に苦情や文句を言うとき、ただ感情的になっても解決しないことはどこかでわかっています。でも頭の中だけで考えていると、論理よりも感情が先に働き始めてしまうために、ついつい感情をぶつけてしまう。

ですから、**怒りの情報をすべて脳の外に出して、冷静になって論理と感情のバランスを整理する。**感情を見えるようにしてから消去するというこの方法はとても効果的なのです。

脳の外に出すという意味だけを考えれば、書かずに口に出してしゃべってもいいのですが、ブツブツとひとり言をつぶやくことになり、オフィスなどではなかなか難しいでしょう。それに誰かにその姿を見られると、面倒くさいことにもなりかねません。

以前、私がムカついたことをブツブツとつぶやいていたら（私は脳から取り出す作

DaiGo流「怒りを消す」技術

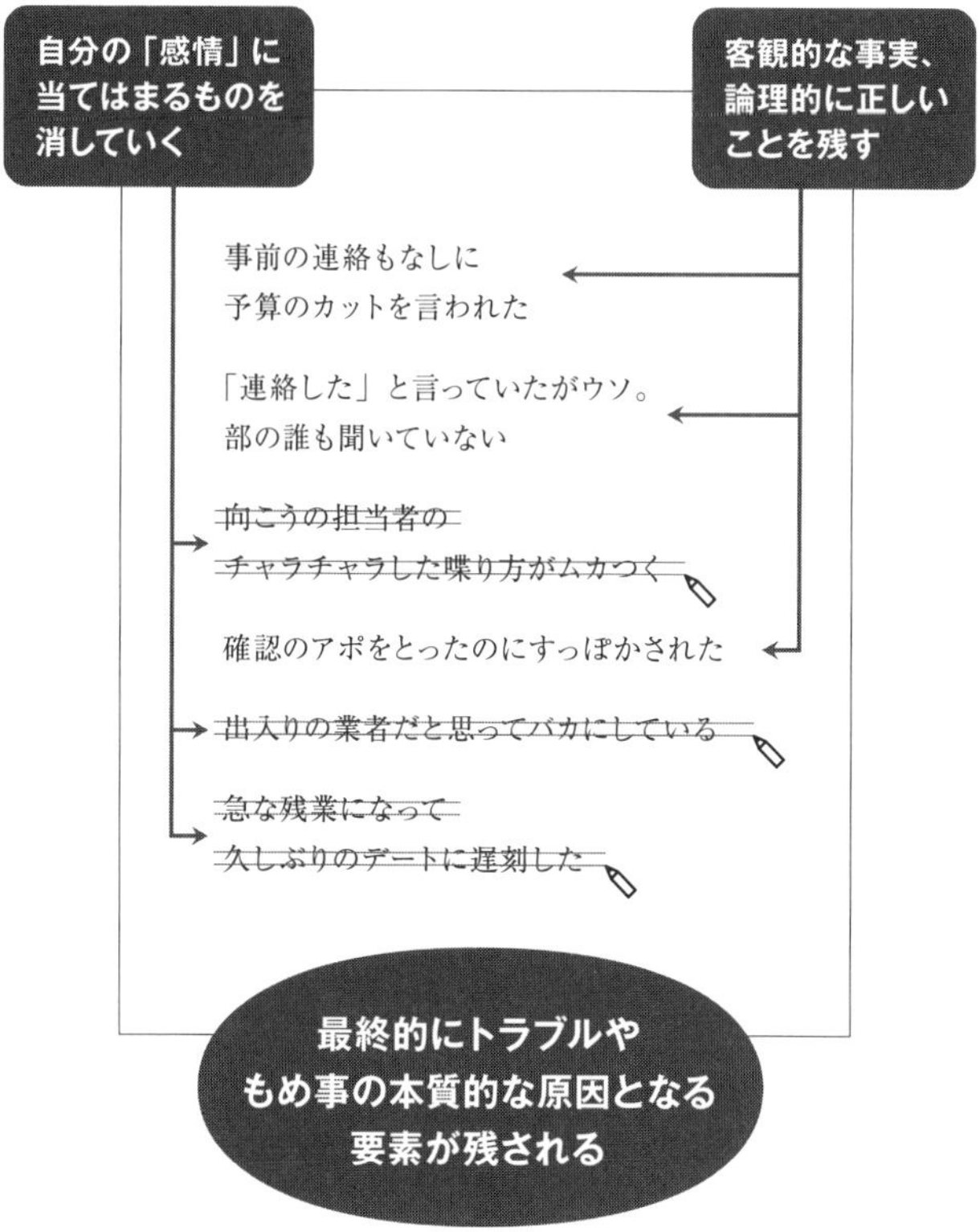
自分の「感情」に当てはまるものを消していく
客観的な事実、論理的に正しいことを残す
事前の連絡もなしに予算のカットを言われた
「連絡した」と言っていたがウソ。部の誰も聞いていない
~~向こうの担当者のチャラチャラした喋り方がムカつく~~
確認のアポをとったのにすっぽかされた
~~出入りの業者だと思ってバカにしている~~
~~急な残業になって久しぶりのデートに遅刻した~~
最終的にトラブルやもめ事の本質的な原因となる要素が残される

CHECK

感情と客観的な事実、
論理的に間違ってないことを
視覚化していくことで、冷静さを取り戻す

メンタリズムポイント 紙に書き出せば怒りは消える

業としてやっていたのですが)、それを弟に目撃されて「兄貴はついに頭がおかしくなった」と本気で心配されたことがありました。

パソコンに打ちこむという方法もありますが、キーボードのタイピングよりも、ペンを持って文字を書くという行為自体にもストレス発散を促す効果があるため、やはり紙に書き出すのがもっとも適していると思います。

もちろん、怒りをガマンするためだけに書き出して整理するわけではありません。ムカついていることと、相手に言うべきことは別です。

ビジネスでは主張すべきところは主張しないと、後で取り返しのつかないことになりかねません。ですから言うべきことはのみ込まずに絶対に伝えてください。

ただそのときに邪魔になる自分の感情を言うのをやめましょうということ。**紙に書き出すのは、むしろ相手にきちんと言うべきことを言うための感情整理法**なのです。

余談になりますが、論理と感情の位置づけは、コミュニケーションの種類によって変わります。前述したようにビジネスは「感情を抑制して論理的に伝える」ことで成立するもの。ところがこれが恋愛になると、逆に「論理を抑制して感情で伝える」ほうが成功しやすくなります。同じ人間同士のコミュニケーションでも、ビジネスと恋愛は抑制すべきものが正反対になる。人間心理の機微《きび》とは面白いものです。

一杯のラーメンで上司との関係を良くする裏ワザ

メンタリズムの観点から、**人付き合いやコミュニケーションでもっと重要視していただきたいのが「空間・スペースをコントロールする」という考え方**です。

人間は別の誰かと相対する際、自分が快適だと感じる空間を保つために、無意識のうちに相手との間に距離をとろうとします。それは「パーソナルスペース」とも呼ばれ、相手との関係性の深さや親密さによって、距離は違ってきます。みなさんも一度は耳にしたことがあるのではないでしょうか。

アメリカの文化人類学者エドワード・T・ホールはこのパーソナルスペースを4つに大別しました。

75〜120㎝——両者が手を伸ばせば触れ合える距離
まだ十分に打ち解けていない知人と会話する距離
45〜75㎝——相手を捕まえられる距離
15〜45㎝——簡単に身体的接触は行わないが、かなり親しい相手と会話する距離
0〜15㎝——身体的接触が可能なほどに親密な相手との距離

このデータから考えると、親密度が深まるにつれてパーソナルスペースが短くなり、近くにいても快適に感じることがわかります。

第2章の名刺交換の項でも述べましたが、体の距離（物理的な距離）は、イコール心の距離です。逆に言えば、物理的な距離を縮めれば、相手との心の距離を深めることも可能なのです。

ですから仕事相手の懐《ふところ》に飛び込んで距離を縮めたいとか、上司ともっと打ち解けて信用される関係を築きたいという場合は、まずは体の距離を近づける作戦を練るべきでしょう。それが「空間・スペースをコントロールする」ということです。

例えば上司と一緒にランチに行くことになり、候補が小奇麗《こぎれい》なイタリアンか老舗《しにせ》の蕎麦《そば》屋かカウンターのラーメン屋のどれかとなったら、迷わずラーメン屋を選ぶことをおすすめします。

テーブルを挟んで座るレストランや蕎麦屋よりもラーメン屋のカウンターのほうが圧倒的に体の距離が近くなるからです。ともかくまず距離を近づけること。

距離が離れていると、出てくる会話もその距離に見合ったものになってしまいます。

上司がテーブルの向こうでは、仕事の話かどうでもいい世間話にしかなりません。

でもラーメン屋のカウンターで隣同士になると、相手も気を許して自然と「いやぁ、この間、ウチの息子がさ～」という話が出てきやすいわけです。

同じ理由で、デートに行くなら、おしゃれなイタリアンや雰囲気のいいフレンチといった場所よりも、寿司屋のカウンターで食事をして、バーのカウンターでお酒を飲むほうがいいでしょう。横並びになることで相手との距離がより近づくからです。

カウンターなら、相手との距離は15㎝くらいでしょう。体の距離が近くなることで、自然と親密度合いも高くなるのが人間の心理なのです。

ちなみにそこまで近づくと、相手は**「こんなに近い距離にいるから、この人とは親**

密なんだ」という感じを持ちやすくなりますから、よりデートに適しているわけです。

ここでもまた『認知不協和』が関連しているのがおわかりですね。

話をビジネスに戻しましょう。

心の距離をコントロールするのにカウンターが効果的であるように、空間を味方につけるために着目したいのがオフィスのテーブルです。

例えばミーティングルームや会議室の場合。

もっとも一般的な四角いテーブルは、座った人同士が対峙する形になるために相手との距離が生まれ、上下関係が表出しやすくなるとされています。ですから、**出席者にざっくばらんな意見を求めたい、あるいは忌憚《きたん》のない意見を言い合うブレストをしたいというときは、四角ではなく丸いテーブル**がオススメです。

座った人それぞれの対面距離がほぼ等しくなる丸いテーブルでは、上下関係の序列がうやむやになりやすく、その場の一体感も高まると言われています。

また**出席者全員の発言を促す効果があり、いいアイデアが生まれる確率が高い**とも言われているため、ミーティングやブレストには丸テーブルが最適です。

上司に自分の悩みなどを相談したい、腹を割って話したいことがあるという場合に

「空間・スペース」をコントロールできれば人間関係が変わってくる

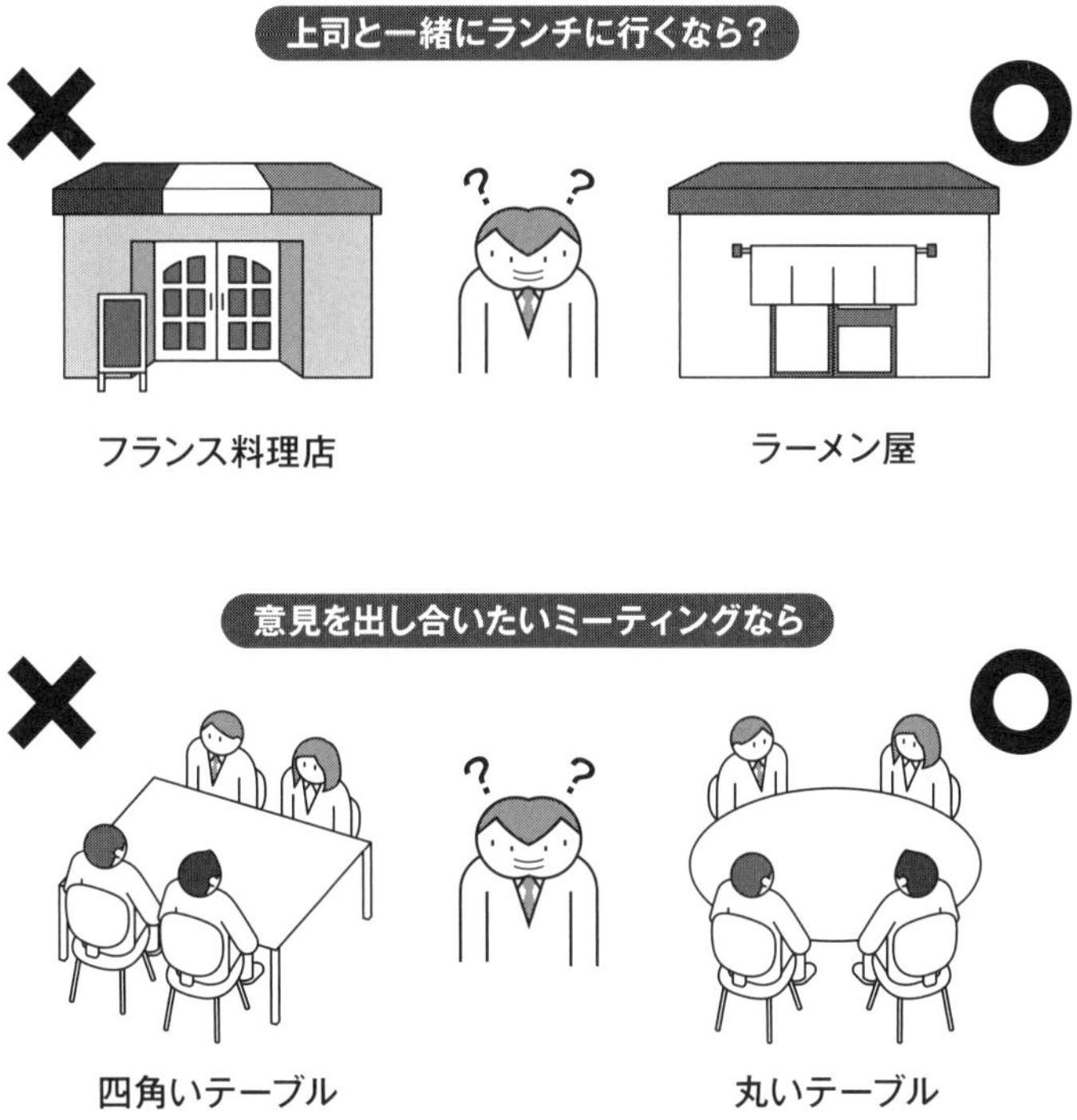
上司と一緒にランチに行くなら?
?
?
フランス料理店
ラーメン屋
意見を出し合いたいミーティングなら
?
?
四角いテーブル
丸いテーブル

CHECK

フレンチやイタリアンよりも
ラーメン屋、寿司屋、バー。
四角いテーブルよりも丸いテーブルを選ぼう

メンタリズムポイント

大事な話はカウンター席か丸テーブルで

も、同じ理由で丸いテーブルを選ぶといいでしょう。逆に、部下の悩みを聞きたい上司にも同じことが言えます。お互いに心の近さを感じて、自分も意見を言いやすく、上司もより親身な気持ちになってくれやすいのです。

ただし丸テーブルだと、場の全体としての意思決定がしにくくなるという側面もあります。意見は出やすいけれど、まとまりにくいということ。**ブレストなど活発な意見交換をするなら丸テーブル、意思決定が重要とされる会議では四角テーブル**と、状況によって上手に使い分けることが大事です。

ちなみに私は「ブレストとは個で考えて、集団で磨くもの」だと考えています。アイデアを考えるとき、ひとりだと数がたくさん出ますが、その分、ひとつひとつのアイデアの質はそれほど高くない。複数で考えると発言機会の多い少ないや遠慮などもあって数はたくさん出にくいのですが、その分、多方面からの発想が融合するためにアイデア自体の質は高くなる、という傾向があるのです。

ですからまずは個々でアイデアを出し合って持ち寄り、それを集団で練っていくというスタイルがブレストやアイデア出しにはもっとも適していると思います。

「仮想上司」に学ぶ上司に気に入られる心のくすぐり方

上司と上手に付き合えない。上司との接し方がわからない。上司の考えていることが理解できない――。ビジネスマンにとって上司との人間関係は、いつの時代も変わらない悩みの種のようです。

「ようです」というのは、本書の冒頭にも書きましたが、私は会社勤めのビジネス経験、いわゆるサラリーマン経験がないため、大きな組織の中における上司と部下の付き合い方という悩み自体を自己体験したことはありません。

しかし、私もこれまでに、テレビ局のプロデューサーや事務所の社長、企業セミナーに行った先の担当者など、みなさんの上司と同世代、あるいはもっと上の世代の人たちとお付き合いをしてきました。

また現在、私は自分の会社を立ち上げていますが、**社員はすべて私よりも年上の人です**。だから「年上、上司」との付き合い方もわかっているつもりです。

そうした経験とメンタリストとしての蓄積から、私と同世代のみなさんが年配の上司の心をつかみ、年上の人と打ち解けるためのヒントとなるだろうアドバイスはできると思っています。

私が自分の経験をふまえて、50代、60代という年配の上司の考えていることがわからない、うまく付き合えないという若いビジネスマンに言えるのは、ただひとつ。**仕事を離れたところで、「上司と同じ世代の友だちを作りましょう」**ということです。

今の若い世代は、他人、とくに年上の人間のことを理解するという訓練をしていない、もしくはする機会がなかったという人が多いと思います。だから、今から練習してみてはいかがでしょう、とご提案したいのです。そのよき練習相手になってくれるのが年上の友だちです。

いちばん手っ取り早いのは、銀座や新橋などのバーや飲み屋さんに行く。行って、カウンターでお酒を飲むことでしょう。

銀座の片隅に、私が大学生の頃から今に至るまで、本当によく飲みに行っているバーがあります。学生時代、私はそのバーのカウンターで、隣に座った年配のおじさんたちと、いろいろ話をしたものです。というかむしろ私のほうから積極的に話しかけていました。

すると「若いのに面白いヤツだな。よし、今日はオレが奢《おご》るよ」というときもあれば、次に会ったら逆に「この前ご馳走になったので、今日は一杯奢らせてください」「またいろいろと話を聞かせてください」という日があったり――。

そうしたことを繰り返すうちに、その世代の人たちがどういう時代を生きてきて、どんなものの考え方をしていて、だから自分にこういうことを話してくれるんだ、ということが自然とわかってきました。

相手を理解したうえだから、こちらも少しずつ言いたいことを話せるようになります。年齢や世代が異なるというだけで、人間同士の友だちになれるんです。

仕事を始めたばかりで、お金もコネも事務所もない状態で売り込みをしていた私が、仕事関係の年上の人たちの心をつかめていい関係を築くことができたのも、そうした経験があったからこそです。

〝仮想上司〟を見つけることで、上司世代との接し方を練習し、理解を深める――年配の上司とうまく付き合うにはそれがいちばんの早道でしょう。そしてこの考え方は、メンタリストでもビジネスパーソンでも同じだと思います。

ただし、ここでは、あくまで〝仮想上司〟であることがポイントです。

例えば何かの拍子に、失礼なことを言ってしまったとしても、相手が上司ならば毎日の仕事にそのまま影響が出る可能性がありますが、バーでの知り合いならば「ごめんなさい」で済みます。もし万が一、怒らせてしまっても、仕事にまで響くことはありません。

隣で飲んでいる人に声をかけたけれど話が合わなかったのなら、それはそれで終わりでかまいません。次にまた別の人と話せばいい。

話が合って、打ち解けられたら、その世代の人の考えていることを教えてもらう。話の中からそういうものを学んでいきましょう。思い切って「上司が○○さんと同じ世代なんですが～」と相談を持ちかけるのもいいかもしれません。

仮想上司を見つけるわけですから、行くお店もそこそこのところを選ぶほうがいい

上司とうまくやるには、上司と同世代の友人を作る

メンタリズムポイント

でしょう。あまり安い店よりは、多少高くてもいい店のほうがそれなりの人脈もできやすいと思います。でも、声をかけることに慣れるという意味ならば、最初は立ち飲み屋さんでもかまいません。

そうした経験（練習）は、会社で上司に接する際に必ず生きてきます。その世代の人と仲よく話をしているという自信になり、上司との心の距離を圧倒的に縮めることにつながっていくのです。

上司だって人間です。職場の上司、ビジネスマンである以前に人間です。その上に社会的な立場というフィルターが重なって、ビジネスマンであり上司の顔になります。そういう人の心をつかむなら、やはり**〝人間〞の部分にアプローチすることです。表面のフィルターの向こう側、仕事で被っている仮面の内側に入り込めたら勝ち。**

上司の懐に飛び込むためにも、年配の友だち作りは非常に効果的です。

喜んであなたについてくる、最高の上司力とは

本書をお読みの方に多いのは、20～30代のビジネスパーソンでしょうか。30代といえば社会人としても中堅どころの準ベテラン。そろそろ部下がいる人も少なくないでしょう。20代でも部下とまではいかなくても後輩がいる人は多いはずです。20～30代の人たちは、部課長レベルの上司や年配の先輩と、若い部下や後輩に挟まれて苦労する世代でもあります。そして上司に負けず劣らず悩ましいのが部下や後輩との付き合い、人間関係ではないでしょうか。

上司と部下、先輩と後輩という関係性において欠かせないのが「教える」「育てる」というキーワードです。そしてビジネスの現場における関係ですから、もちろんそこには「仕事」という要素が介在します。

「仕事を教える」「部下（後輩）を育てる」という観点から考えたとき、どうすれば部下や後輩と良好なコミュニケーションをとれるのでしょうか。

ここでひとつ学校の先生を例にとりたいと思います。

体罰問題や様々な不祥事、学力低下や精神的負担の増加など、とくに最近、〝先生の資質〟が問われるニュースが増えてきている気がします。

以前、ある教育誌の取材で先生の資質について、私はこんなふうにお話ししたことがあります。

普通の先生は「問題の解き方」を教え、いい先生は「勉強の仕方・考え方」を教える。そして最高の先生は「勉強の楽しみ方」を教える、と。

問題の解き方しか教えてくれない「普通の先生」に教わった場合、例えば数学なら数学だけはできるようになるけれど、国語や理科や社会はできるようになりません。

勉強の仕方を教えてくれる「いい先生」に教わった場合、勉強の仕方や考え方を教えてくれるわけですから、その教えは数学だけでなくほかの科目にも応用でき、そのため全体的に成績も上がるようになります。

そして楽しみ方を教えてくれる「最高の先生」に教わると、学校で教える科目だけでなく、あらゆる学びに対して積極的になり、自分なりの勉強法を探して実践するでしょう。楽しむためにいろいろなことを学び、考え、行動するようになるのです。

私にとって最高の先生は、勉強の楽しみ方や科学の面白さを教えてくれた母でした。

母のおかげで私は科学の面白さを知り、大学院で人工知能を学ぶことを志しました。そのベースがあったから後にメンタリズムと出会い、それを人生やビジネスに活かすための仕事をしている〝今〟があるのです。

教師を「上司」や「先輩」に置き換えてみてください。つまり、最高の上司は仕事の楽しみ方を教えてくれる人ということになります。

そういう上司や先輩の元で仕事をしている人は、仕事を自分で楽しくしようとします。楽しむためにいろいろな知識を学び、技術を身につけ、様々な人間関係を作ります。そして、〝仕事を楽しむためにすること〟さえも楽しもうとするでしょう。

部下や後輩に仕事を教えるなら――仕事のノウハウも大事ですが、**何よりも彼らに教えるべきは仕事の楽しみ方**です。

未経験だったり、自信のない仕事の担当にされた部下にも。

自分が希望していない部署に配属になった後輩にも。

失敗して仕事がイヤになりかけている後輩にも。

どうすれば自分の仕事を楽しめるか、そのヒントを教えてあげられる人が、いつまでも慕われ、ずっと尊敬される上司、先輩になれるのです。

メンタリズムポイント　部下や後輩には仕事の楽しみ方を教えよう

「ニガテな人」をなくす唯一の方法

人間関係を良好にする極意として、自己啓発本などにもよく書かれているのが「相手のいいところを見る」という方法です。

これは間違いではありません。そのとおりだと思います。ただ、いいところを見るというのは、実はなかなか難しい。なぜなら、「いいところ」というのが漠然としているからです。漠然としたものを探すから、なかなか見つからなくて苦労する。

私がおすすめするのは、もっと具体的な「いいところ」探し。これは私も実践しているのですが、基本的に**探すのは「相手が自分より優れているところ」**です。

性格でもルックスでもスキルでも、キャリアでも生活環境でも何でもいい。相手の中で自分にはない能力、**自分よりも相手のほうが優れているポイントを、あなたの中で相手への苦手意識が大きくなる前に「3カ所」探す**のです。

ビジネス用語で言うなら、その人の「USP（Unique Selling Proposition その商品だけが持っている独自で独特のセールスポイント）」を探しましょうということです。

なぜ3カ所なのか。それにも理由があります。1カ所だけだと、「実はそうじゃなかった」と裏切られたときにいいところがなくなってしまいます。逆に3カ所以上だと、今度は見つけるのがかなり困難になる。2カ所でもいいのですが、「一生懸命に探す」練習の意味ならば、少し大変な3カ所くらいがベストです。それに3カ所見つけておけば、1カ所に「ん？」と思うことが発生してもあと2カ所残っています。

「相手のいいところを探す」ことにはふたつの大きなメリットがあります。

ひとつは仕事で、非常に有利になるということ。つまり、それらのポイントが有効活用できる仕事を割り当てられたとき、その人を当てにできるのです。「この仕事は、あの人のほうが自分よりうまくできる」と、自然に相手に頼れるようになります。

そしてもうひとつ。おそらく、こちらのほうがより重要でしょう。それは「自分よりも優れているところ」を探すことを習慣にしてしまうと、相手がどんな人であっても、ある程度の尊敬や、好意的に思えるということです。

嫌いなタイプやウマが合わない人でも、相手をスパッと全否定してしまうことがなくなります。あの人のここはダメだけど、ここは認める。ここは魅力がある、という視点で相手を見ることができるのです。

相手のパーソナリティーを細分化して、そのほとんどが嫌いでも、ひとつだけ尊敬できる部分があれば、その人と会うときには、それを学ぼうと思えるようになります。「あの人は性格的に合わないし、すごく嫌いなタイプなんだけど、あの事務処理能力やタスク管理能力の高さは、なかなか大したものだな」と思ったら、それを学ぼうと思って話せばいい。すると意外と嫌にならないもの。その部分に限っては尊敬すらできるようになるのです。

さらに言えば、相手の優れている部分を見ることは自分のストレスを軽減することにもなります。**学んでやろうという思いがあれば、「あの人と会うの、嫌だなぁ」「気を遣っちゃうから気が重いよ」といったマイナスの感情とも無縁になる**からです。

重要なのは、巷で言うような「ただ漠然といいところを見る」のではなく、嫌な人とも会話できるようになる、尊敬できる、仕事にも使える、ストレスも解消できるといった**自分へのメリットを意識して探す**ことです。

メンタリズムポイント

「いいところ」を3つ探せばイヤな人がいなくなる

第1章で、観察で得た情報をどう利用するかという目的づけも重要だと述べたとおりです。漠然と見るのでは観察しているだけ。なぜ自分より優れたところを探すといいのか、探してそれをどう利用するのかを常に意識していれば、より積極的に相手を観察できるし、いいところもより多く発見できるものです。

学生時代にものすごく空気が読めない先輩がいました。そのKYぶりに後輩たちも距離を置いていたのですが、私は逆に積極的に付き合っていました。その先輩は、確かに空気が読めないところはありますが、実はすごく面倒見がいい人だったのです。毛嫌いせずに付き合ったことで、その先輩のUSPを知ることができ、今でもいいお付き合いをさせていただいています。

「いいところを見れば人間関係がよくなる」ではなく、「人間関係をよくするためにいいところを見る」と考えること。それがいちばん大事だと思います。

苦手な相手には「いいところ」よりも「自分より優れているところ」を探せ

1
この人は自分よりも
交友関係が広いな
2
この人は自分よりも
事務能力が優れているな
3
この人は自分よりも
字がうまいな

どんな小さなことでもいいので
「自分より○○なところ」を3ヵ所探す

CHECK

相手の「優れたところ」を見ることで、
自分のストレスも軽減される

二度とアガらなくなる、緊張撃退トレーニング

会議やプレゼンなど人前で何かを発表するとき、緊張してガチガチになってしまう。仲間内で話すときは平気なのに、いざ人前に出ると舞い上がってパニックになってしまう。そして、何をしゃべったのかも覚えていないほどアガってしまった自分が情けなく、自信を失ってしまう――。

そういう人の気持ち、私もよくわかります。

「テレビに出たり、大勢の観衆の前で堂々とパフォーマンスができる人間に何がわかる」と言われるかもしれません。

でも実は私もほんの少し前まで、人前では緊張して話もできなくなってしまうほどのアガリ症でした。人と目を合わすことすらできませんでした。当時の自分にテレビカメラを向けたら、きっと緊張しすぎて死んでしまうんじゃないかと思うほどです。

でも、それを何とか克服しようと思い、心を鍛えてきました。メンタリスト自身の心が平静でなければ、他人の心など動かせるはずもないのですから。

そしてその結果、何とか人前でパフォーマンスができるくらいにはなれたのです。

アガリ症の人もすぐ緊張してしまう人も、大丈夫。**筋トレと同じで、人間の心も鍛えることによって強くなります**。

ここで、私がアガリ症という壁を乗り越えるためにやってきた〝心のトレーニング〟を紹介しましょう。ある意味でスパルタかもしれませんが、効果は大きいと思います。

方法は実にシンプル。**「1日1回、今までの自分では絶対やらないことをやってみる」**というものです。

もちろん法律や道徳、公共のマナーに反することをしてはいけないのは言うまでもありません。そうではない日常生活の些細《ささい》なことでいいから、人とは違うことをしてみるのです。

例えば、買い物で入ったコンビニで、レジの店員さんに「こんにちは！」と挨拶をしてみる。

ちょっと高級なレストランに行ったとき、「このステーキ、量は半分でいいから値段も半分にしてくれませんか」と値切ってみる。あるいは「このステーキ、お肉を2種類、半分ずつにしてくれませんか？」などとお願いしてみる。

洋服を買いに行った店で「ジャケットを3着買うからスカーフつけて」などとちょっと無理めなお願いをしてみる――などなど（実はこれ、すべて私がかつて実際にやったことです）。

こうした具合に、普段の自分なら絶対にしないことをあえてやってみる。つまり、**自分の心に大きめの緊張という負荷をかけて鍛えようということです。**

まさに筋トレ。ジムでバーベルを持ち上げるのと同じ発想です。


もちろん、バーベルだって最初は簡単には持ち上がりません。それと同様にいちばん最初は、それはもうとてつもなく緊張します。私も当時は、心臓が破裂しそうなくらいバクバクしていました。

でも徐々にですが、心は（つまり脳は）その負荷に慣れてきます。そして、一度その負荷をクリアできれば（＝筋トレなら、その重さのバーベルを持ち上げられれば）、その後はずっと楽になるものなのです。

人と違うことをしても、あまり恥ずかしくなくなる。強くなるんです、心が。

緊張しなくなるには「場数を踏むしかない」とよく言います。何度も挑戦して経験を積めば、自然にアガらなくなると。

確かに仕事に直結する行為に限定する（会議やプレゼンでアガらなければいい）というのであれば、それも一理あるでしょう。

でも人生におけるあらゆるシーンで極度に緊張しなくなるように心を鍛えたい、度胸をつけたいのなら、こうした荒療治のほうが結果として効果が高いでしょう。

言うならば、**「1日1回、恥ずかしいことをしてみましょう」**ということ。そうすると、やがて失敗して恥をかくことを、脳と心が恐れなくなります。

みんなの前でベタな親父ギャグを言う、でもいい。1日1回は必ずやると決めるのです。

もちろんずっとやり続ける必要はありません。「今月は1日1回恥ずかしい月間」

メンタリズムポイント

「一日一恥」でアガらない強靭な心を作る

という具合に、期間を決めてチャレンジすればいいでしょう。

私が行った究極の「恥ずかしいこと」は何か。高校生のときに交差点のど真ん中で、当時付き合っていた彼女に向かって大声で「好きだぁ〜！」と叫んだことです（もちろん私は相当恥ずかしかったですが、叫ばれた彼女のほうが、数倍恥ずかしかったでしょうね）。

でもその経験があるからこそ、「それに比べれば人前でパフォーマンスをすることなんて大したことない」と思えるようになったのです。

注意すべきは、意識してやるということ。自然に恥ずかしいことになるのではダメ。それは本当にただ恥ずかしいだけです。意識してやって乗り越えることに価値があるとしっかり認識することが大事です。

1日1恥のすすめ——それは恥ずかしいという感情の処理方法を心に覚えさせる〝心の筋トレ〟なのです。

ビジネスアイデアがあふれ出るタグ付け電話帳のススメ

ものすごく実用的なお話をしましょう。

みなさんはケータイやスマホの電話帳をどうやって使っていますか？

よくかける人は『お気に入り』、会社関係は『仕事』とか友人関係は『友だち』などとグループに分けて、各グループの中はアイウエオ順という具合に、相手の「所属別」を基本に分類・整理しているのが一般的ではないでしょうか。

私の場合はちょっと違っています。まず、グループ分けではなくタグ付けにしてある。所属ではなく「用途」で相手を分類している。この2点が違います。

例えば『サプライズ関係』とか『パーティー関係』とか『京都』といった感じで私が使っているｉＰｈｏｎｅの電話帳アプリは、同時にふたつのタグ付けができます。

何かアイデアがひらめいたときに、そのキーワードを電話帳のタグから拾って検索すると、アイデアに関連する知り合いをあっという間に探し出せるわけです。

つまり「連絡先を探すのではなく、ニーズに合った人を検索できる」ということ。

先日、京都在住のかなり年上の友だちができて、最近よく京都に出かけるのですが、彼に会うときは、『京都』でキーワード検索をかけて、京都につながりのある私の知り合いを紹介したりしたりしています。

また、テレビ番組の企画などで京都を取り上げるときにも、『京都』で検索される友だちに、面白いネタがないかをすぐリサーチすることもできます。

また暇なときによくやるのですが、『京都』と『ファッション』とか『バー』と『日曜日』というようにランダムにタグ検索をかけると、思ってもみなかった人（例えば何のタグをつけたか忘れてしまったような人）が検索されてくることも少なくありません。しばらく疎遠《そえん》だった知人でも、そのタグがキッカケで再度、つながるようになったこともありました。

スマホの電話帳は、単なる連絡先の記録帳ではありません。私にとって電話帳は、大切なアイデアノートであり、コミュニケーションツールなのです。

それを見ることで、誰と誰がつながるとどんな新しいことができるか、どんな人脈を紹介すればその人のためになるか、それがひいては自分のプラスになるか、といった発想がどんどん広がっていきます。

電話帳はその使い方次第で人間関係を保ち、生き返らせ、新たに生み出す、とても便利で強力な武器になるのです。

連絡先をアイウエオ順だけ、お気に入りだけ、仕事とプライベートに分けているだけなんて、もったいない。それだと用事のある相手に連絡を取るときしか使えません。

スマホをお使いのみなさんには、電話帳をタグ付けで分類・管理することをオススメします。「タグ付け」は、膨大なデータを管理する際に便利な方法です。私はスマホの電話帳に限らず様々な書類や企画書などもEVERNOTEでタグ管理しています。

メンタリズムポイント
タグ付けすると電話帳はあなただけのアイデアノートになる

まだこんなメール出してませんか？　心をつかむメールの書き方

ビジネスにメールは不可欠。もはやメールなしではビジネスは成立しません――こんなフレーズすら当たり前の時代になりました。

メールをいかに賢く使いこなすかがビジネスを成功に導く大きなファクターであることも、みなさんすでに認識されていることでしょう。

多くのビジネス書に書かれているビジネスメールの打ち方に、**「ダラダラ書くな、結論を先に書け」**という教えがあります。まず要点を簡潔に伝えることが最重要。必要のないことを書くと焦点がぼやけてしまう、ということでしょう。

私が考えるに、これは半分本当で半分は間違いだろうと思います。

要するに**「相手による」**ということです。

メールを送付する相手がどんな人なのか、その人から送られてくるメールはどういうものかによって、こちらのメール作成方法も変えていく必要があると思うのです。

簡潔な文章でビジネスの要点だけを書いて送ってくる人もいれば、ビジネスとは直接関係のない雑談から始まるメールを送ってくる人もいます。

メールを送る場合は、常に相手のメールのテイストや性格に合わせてあげることが大事です。簡潔な文章の人にダラダラ長い文章を送ってしまうと、「仕事ができないやつ」とか「忙しいのに――」などという反感を与える可能性が高くなります。

逆に、ビジネスだけでなく人と人とのつながりを重要視したいという人の場合、メールには季節の話や、ちょっとした雑談や追伸があることが多いでしょう。そういう人に対しては、こちらも同じように世間話的な内容も盛り込んで送ります。そうすると「親しみやすい人」「感じのいい人」という印象を持たれやすくなります。

こういうタイプの人に用件だけを書いた事務的なメールを送ってしまうと、「面白みのない人だなぁ」「冷たい人なんだ」というマイナスイメージを与えることにもなりかねません。

メンタリズムポイント

話を合わせるようにメールも合わせよう

つまり、相手の書き方をマネして、同じテイストのメールを送ればいいのです。そうすることで、人は無意識のうちに親近感を覚えやすくなります。

メンタリズムのテクニックのひとつに第1章で述べた『マッチング』という方法があります。これは別名『ミラーリング』とも言われ、相手のクセや言動をマネることで、相手に無意識のうちに「フィーリングの合う人」という親近感や信頼感を抱かせるテクニックです。

マッチングは、商談や会議など相手と実際に顔を合わせているときなどに活用すると効果的です。相手が足を組んだら自分も足を組む、相手がお茶を飲んだら、自分も飲むというようにワンテンポ遅れて相手の行動をマネする（さりげなく、気づかれないように）ことで、相手の潜在意識に親近感が植え付けられるのです。

相手の書き方をマネるということは、マッチングのテクニックをメールにも活用するということです。

10人いればメールの書き方も10通り。すべてに通用する万能の教科書などありません。ですから**必ずしも「結論を先に書く」ことがビジネスメールの正解ではない**と思います。相手の個性に合わせて、相手の常識に同調して対応することがいちばんの得策でしょう。

気が散る原因すらヤル気に変え、集中力を上げる「付箋の魔法」

集中力が続かない。すぐに気が散ってしまうという悩みは、多くの人が抱えている、いわば「悩みの定番」です。

「今日は頑張って仕事をするぞ」と意気込んでみたものの、いざ始めるとすぐに「ああ、コーヒーが飲みたい」「一服したい」。とっとと残業を終わらせたいのに、どうしてもプロ野球の試合が気になる、スマホのゲームがしたくなる。

どうしてオレはこうも集中力がないんだ、意志が弱いんだ――誰もが多かれ少なかれ、こんな経験をしているのではないでしょうか。

ここでいちばん大事なのは、**あなたの脳は、本当はコーヒーが飲みたいわけでも、タバコを吸いたいわけでもない。野球が見たいわけでもゲームがしたいわけでもない、ということ**です。

そう思わせているのは、ただただ**「現実から逃げたい」**という心理です。

私も同じです。原稿を書かなきゃいけないのに、買ったばかりの本が読みたくなる。お酒を飲みに行きたくなる。

でも私はそんなとき、いつもこう思うようにしています。

「コノヤロー、オレの脳め。オレを仕事から引き離そうとしやがって。でも、そうはいかないぞ」

私は脳のそんなイタズラを回避するために、いつでもデスクの上に大きめの付箋を用意しています。そして、本が読みたい、コーヒーが飲みたいという衝動がわきあがったときには、付箋《ふせん》に『○○の本』と書き込んで、デスクの前にペタペタと貼っておきます。そして仕事が終わったときには、真っ先にこれをやってやろうと決める。そこまで仕事を頑張った自分への〝ご褒美〟にするのです。

付箋に書き付けることで、集中力を乱すもの、気を散らすものを自分の脳の外に追い出してしまうのです。

「ああしたい、こうしたい」と頭の中で考えているから集中できないのであって、一度、文字にして脳の外に出してしまえば、自分の心を乱す欲求を冷静に、客観的に見つめられます。そうすることで欲求は脳から切り離され、「ひとまず横に置いておく」ことができやすくなるのです。

さらに、仕事が終わったらそれをやってもいいと決めることがやる気を生みます。逃げずに頑張って仕事を終えたら○○ができるぞ、というご褒美をチラつかせて自分を鼓《こ》舞《ぶ》するわけです。

気を散らせる欲求を、我慢して抑えつけるのではなく、本来するべき仕事のモチベーションを向上させるための目標にしてしまえばいいのです。

気を散らすはずのものなのに、それを使うことで逆に集中させようというわけです。そして、その欲求がシンプルであるほど、人間としての根源的な欲求であるほど、それをひっくり返したときには最強のモチベーションになります。

ときには、本だけでなく「コーヒー」「LINEに返信」「Amazon」をチェック」など、ご褒美の付箋が暖簾《のれん》のようにぶら下がってしまうこともありますが、それでもOK。すべてモチベーションアップに使ってやるのです。

あらゆるものを使って人の心を読み、つかむ**メンタリズムは、活用の仕方次第で、自分の心さえもいい方向にコントロールし、なりたい自分に近づけることが可能**なのです。

第5章

ミスを取り戻すどころか、チャンスに変えてしまう心理戦略

これはもう許すしかない。謝罪の作法とは

失敗したら隠そうとする。ミスをしたら過小報告しようとする。都合の悪いことはごまかそうとする――。子どものいたずらから企業の不祥事まで、その底辺にあるのは「何とか謝らずに済ませようとする」という心理です。

しかし「謝罪する」「相手の怒りを収める」という状況は、相手の心を操り、コントロールするという意味で、メンタリズムがより効果を発揮できる場でもあるのです。

それでも仕事でヘマをやらかして、先方の課長をカンカンに怒らせてしまった――そんな状況に置かれると、人はついつい自分の失敗や過失を小さく見せようとするものです。

確かに、心情的にはわからないでもありません。誰も失敗しようと思ってしているわけではないでしょう。

でも**「失敗を小さく見せる、過小報告する」のは、かえってリスクが大きくなりま**

す。その報告で相手が納得して、「まあ、しょうがないね」と怒りを収めてくれるのならば、ラッキーです。

しかし、もし過小報告していることが相手にバレたらどうなるか。「ごまかそうとしてたのか」「反省していないだろう」と思われて、余計に状況は悪くなってしまいます。「信用を失う」という取り返しのつかない問題に発展してしまいます。

ですから、失敗は包み隠さず、正直に報告して謝る。それが誠実さです。

しかし、謝ってもイコール「許してもらえる」とは限りません。でも、どうせ謝るなら、**「許してもらえる謝り方」をしたい**と思いませんか。

そんなときこそ、メンタリズムの出番です。

もし、あなたが仕事でミスをして先方を怒らせてしまった――そんなときこそ、思い切って人とは逆の行動をとってみてください。

逆の行動とは、過小報告ではなく過大報告のこと。つまり、**大抵の人が失敗を「小**

さく見せる」ところを、あなたは「わざと大きく見せる」、大抵の人が「謝りたくない」ところを、あなたは「大げさに謝る」ということです。

私なら、自分の過失をえげつないくらいに大げさに誇張《こちょう》してから謝るでしょう。「責任はすべて自分が取って辞表を書きます」「何なら今、ここから飛び降ります」ぐらいの気持ちを込めて、自分は人生で最大級の取り返しがつかないミスを犯してしまった、という演出をするのです。

するとどうなるか――。

第3章で「人間の感情には基準がある」というお話をしました。期待以上のことをしてもらうと、感情のバランスをとるために「悪いな」という気持ちになる、という心理的な理論です。その理論がここにもそのまま当てはまります。

つまり人間には、怒っているとき、相手に「ここまでは謝ってほしい」という基準ライン（＝相手が考えている過失のレベル）が存在するのです。

もし相手が過失を過小報告して基準ラインに届かない程度の謝罪しかしないと、届かない分の謝罪をさせようとして怒り続けます。

ところが逆に基準ラインを大きく上回る謝罪をされると、今度は謝罪された側が心理的バランスをとるために、基準を超えた分だけ譲歩しなければならなくなります。

そのために、怒っていたはずなのに、

「いやいや、そこまでの過失じゃないよ」

「反省しているのはよくわかったから」

「何もそこまで落ち込むことはないよ」

となって、怒りも収まるのです。

相手の期待を上回る謝罪を心掛けよう

メンタリズムポイント

謝るときは、多少演技をしてでもあえて大げさに謝る。相手の求めている基準を常に上回る謝り方をしたほうが、怒りが収まる度合いは格段にアップします。

相手の期待を上回る「謝り方」をすればピンチは乗り切れる

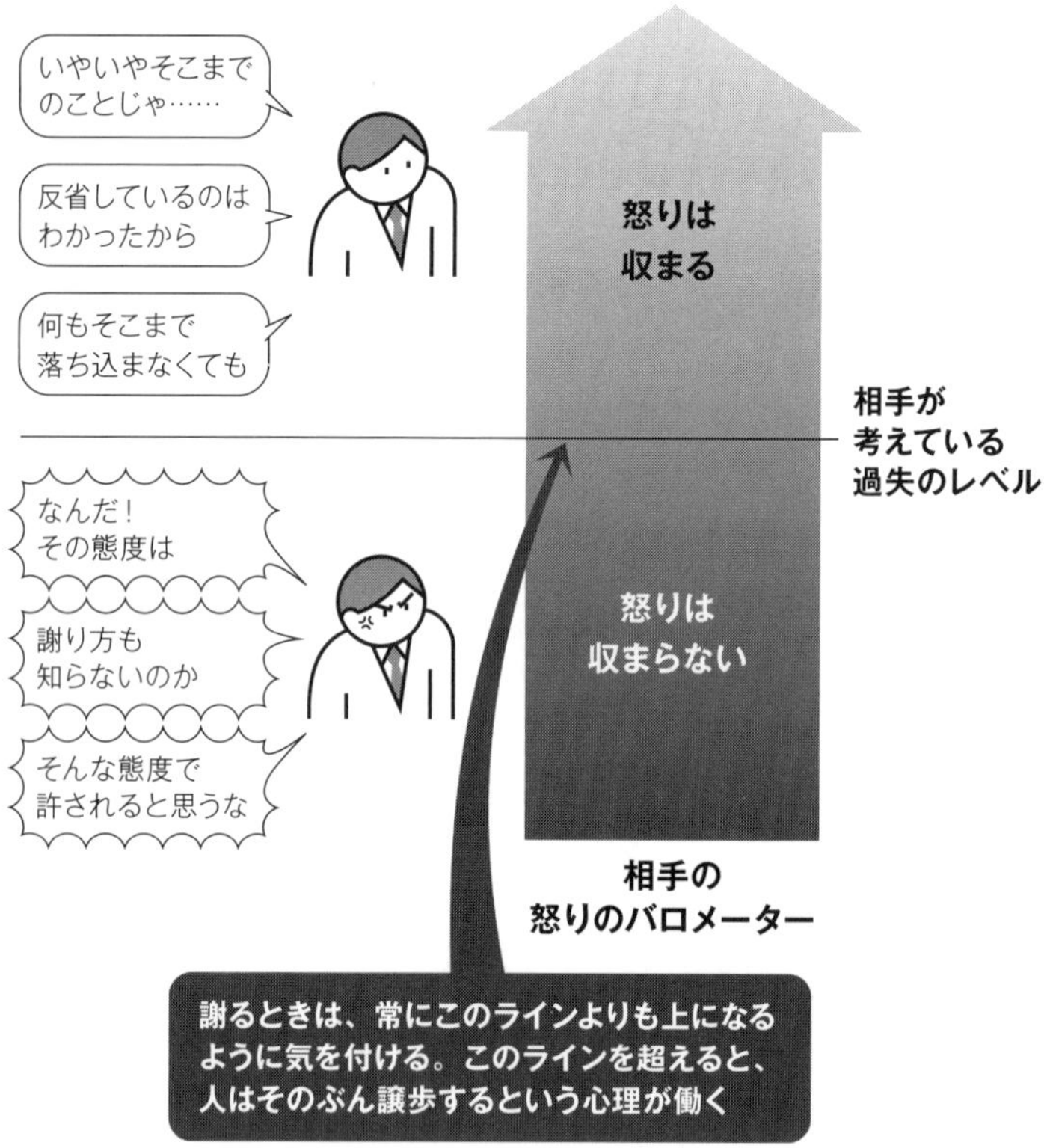
いやいやそこまでのことじゃ……
反省しているのはわかったから
何もそこまで落ち込まなくても
怒りは収まる
相手が考えている過失のレベル
なんだ！その態度は
謝り方も知らないのか
そんな態度で許されると思うな
怒りは収まらない
相手の怒りのバロメーター
謝るときは、常にこのラインよりも上になるように気を付ける。このラインを超えると、人はそのぶん譲歩するという心理が働く

CHECK **相手の「謝罪の期待度」を上回ることが肝心。やりすぎ、オーバーなぐらいがちょうどいい**

クレーマーの心に刺さる「あなた」にしかできない謝り方

この考え方は、クレーマーに対応するときにも同じように使えます。

何かにつけてクレームを言ってくる人の多くは「特別扱いしてほしい人」なのです。それならば、相手が求めている以上に謝ってあげればいい。感情的な部分で特別扱いしてほしいと思っている人に対しては、普通の人よりも大げさに、相手がしり込みするぐらいの謝罪をする。そうすることで相手は心のバランスが取れるのです。

ただ注意が必要なのは、謝ってもらいたいのではなく「難癖をつけてお金を取ろうと思っている人」だったときです。

そういう人に謝りすぎると、まさに相手の思うつぼ。「じゃあ賠償金《ばいしょうきん》を払え」という話になってしまいます。本来のクレームは、自分の感情を傷つけられたことに対しての怒りです。それが謝罪イコールお金となるのは、通常のクレームではありません。

相手からお金の話が出た段階で単なるクレームとは考えず、迎合などはせずに適正な法的対処を検討したほうがいいでしょう。

　こうしたことを考えると、謝罪も会社からと個人からでは区別したほうがいい場合もあります。お金云々《うんぬん》になったら、それは会社として法的対処をする。でも謝るべきことに対しては、会社としても謝るのは当然なのですが、会社としてもそうだけど、**その会社に勤めているひとりの社員として個人的な立場から謝るというスタンスが伝わると、相手はあまり責められなくなります。**

「製品への文句は会社に言っているわけで、電話応対している人は悪くない」「別にあなたに文句言っているわけじゃないのよ」という感情が生まれるわけです。そうなれば、今度はクレームを言ってきた相手が、自分を擁護《ようご》する立場に立つことになるため、怒りはどんどん収まってくるのです。

　つまり相手が自分で自分の感情にブレーキをかけてくれるわけです。**怒りというのは、一定値を超えなければ、自然に収まっていくもの**です。それが、その一定値を超えてしまうと、怒りは暴走し始めます。いわゆる「キレる」という状態になる。

だから自分でブレーキをかけさせるのが重要なのです。

思い切って「担当の○○です」と名乗ってしまうのもいいでしょう。個人として自分の名前を伝えてしまうのです。個を出すほどに、会社ではなくその人が謝っている感が出てきます。

こういうクレーム対応では、できるだけ自分の名前を隠したいと思う人が多いでしょう。でも、名乗ることが相手の怒りにブレーキをかけることもあります。

クレーマーには一個人として誠意を持って謝罪しよう

メンタリズムポイント

そこで個人として認められ、巧みに対応できるようになれば、〝組織の中で一目置かれる有能な人〟になれる可能性もあります。「あの人が対応すると、みんな納得してくれる」となるわけです。

クレームへの謝罪というビジネスにおける難しい局面では、会社よりも「個」の立場での対応を心がける。これはメンタリズム的に見ても非常に効果的だと思います。

怒り狂った相手を鎮《しず》める謝罪の「3ステップ」

相手の怒りを収める謝り方のヒントをもうひとつ紹介しましょう。それは「謝罪の3ステップを考える」ということです。

現代のビジネスにおいて、メールは不可欠なコミュニケーションツールです。企画提出も発注依頼も業務連絡も、何でもメールで事足りる時代です。

ただ、「謝罪」だけは別。メールで謝っても誠意は伝わらない。謝罪するなら直接会って謝るべきだ――これはもちろん、そのとおりです。

ただし、私は謝罪にメールを使うこと自体は悪いとは思いません。悪いのは「メールでしか謝らない」ことです。

謝罪のときに踏むステップのひとつとして考えれば、メールは重要なツールです。

人間の怒りは金平糖のような形で、真ん中にコア（怒りの本質）があって、その周囲をトゲトゲした感情が包んでいるようなものだと第4章で前述しました。

怒りが頂点の状態では、面と向かって謝罪してもトゲに妨げられてなかなかコアに届きません。それどころか感情のトゲがこちらに突き刺さりやすくなる。つまり相手が感情的になりやすくなります。

謝罪とは、相手が心のトゲを取り払った、つまり冷静になったときに初めて、コアまで届くようになるのです。

ですから謝罪でまず考えなければいけないのは、**「怒って感情的になっている相手を冷静にさせる」**こと。このステップを経ずにトゲの前に立ったところで、そのトゲに刺されるのがオチでしょう。

同じことを伝えるにしても、その手段によって相手への影響力は違ってきます。一般的に考えればコミュニケーション手段のなかでもっとも感情的になりやすいのは「直接の対面」、次が「電話」での会話、その次が「メール」です。

そう考えると、怒っている相手に対して謝罪をするときは、この3つを逆の順番で使うのが望ましいといえます。

メンタリズムポイント

「メール→電話→直接の対面」の3ステップで謝る

まずは相手をなるべく冷静にさせなくてはいけませんから、**最初感情的になりにくいメールで謝る**。もちろん誠意を尽くして書くのは当然です。怒っている相手を静めるわけですから、基本的に言い訳はしない。そしてここでも相手の基準を上回るであろうレベルの内容にすることが大事です。

そして**次に電話をかけて話して謝る。最後に、直接会って謝るという順番で、3つのステップを踏む**ことをおすすめします。

また当たり前ですが、3つのステップを踏むことは、「最低3回は謝る」ということでもあります。1回よりも3回のほうが、誠意が伝わるのは言わずもがなでしょう。

いずれにせよ、怒りの剣幕にびっくりしてすぐ会いに行くのはおすすめできません。もちろん、「すぐに行く」という姿勢は見せたほうがいいのですが、直接会う前に一度、相手の頭を冷やさせることが大事です。そのためには、メールと電話という**「怒りの冷却ステップ」**を踏むほうがより効果的ということなのです。

ミスはあなたの評価を上げる絶好のチャンス

謝罪には3つのステップを、と書きましたが、もちろんそれも時と場合によって使い方は異なってきます。相手の怒りが激烈で「すぐに事情を説明に来い！」などと言われることもあるでしょう。

そんなときはデスクで悠長《ゆうちょう》にメールを書いていても怒りを増長させるだけ。やはりすぐに直接会いに行って謝らざるを得ないでしょう。

もしそういう状況になった場合、どうやって相手の怒りを鎮めればいいか。ここでもヒントは**「相手の基準を上回る」**ということです。

例えば先方のオフィスまで行くのに30分かかるとしましょう。「今すぐお詫びにうかがいます。あと30分で着きます」と言って会社を出て、そのとおり30分後に着くのではあまりに当たり前。これでは相手に何の影響も与えられません。

私だったら、相手の会社まで30分ぐらいで着くとしても、「今すぐに向かいます。

1時間で着きます」と、わざと時間を多めに言っておきます。

そして30分後に相手の会社の近くまで行ったら、カフェでもファストフード店でもどこでもいいので、そこからモバイルで相手に謝りのメールを送ります。そして「もうすぐ着きます」と電話を入れるのです。

相手が1時間後に来ると思っているところに、30分近くも早く到着するわけです。

「え、もう来たの？　早かったね」という意表を突かれた驚きというものは、相手の気をそぎ、一瞬、怒りの感情や思考を止める効果があります。

さらに**「こんなに早く飛んできた」という〝期待を上回る謝罪効果〟**も与えられるため、相手の心理を「こっちも譲歩しなきゃ」という状態に導くことも可能です。

期待を上回るという意味でも、メール・電話・対面は3つセットで考えておきましょう。

例えばメールの段階で相手が許してくれても、電話で関係を改善できたとしても、やはり最後の仕上げとして直接会いに行って謝るほうがいい。そんなときこそ、

「そうはいっても、メールや電話だけではやはり失礼なので――」

という相手の期待を上回った行動が、相手の心に響きます。
「わざわざ足を運んでもらって、かえって悪かったね」
という気持ちになりやすいのです。その気持ちが場合によっては、**「なかなか誠実でしっかりしている人物」というプラス評価につながって、かえってファンになってくれる可能性だってある**はずです。

メールや電話だけでは誠実さが伝わらない。でも、ただやみくもに会いに行って謝るのでは怒りを収められない。だから3つをセットで使うのです。どれかひとつで済まそうとしてはダメなんです。

謝れるなら、むしろそれはチャンスでしかない

メンタリズムポイント

自分のミスも利用する。ミスをして謝るという気の重いシチュエーションですら、誠実さをアピールする絶好のチャンスだと考える。

もちろん「申し訳ない」という気持ちが底辺にあって、そのうえで、「同じ謝るならプラスに活かす」という発想を持つ。それが「得する謝り方」の極意です。

電話でも謝罪は「ジェスチャー付き」が鉄則

謝罪のための3つのステップのなかで、実は難しいと思われるのが「電話」です。メール（文章）による謝罪は、自分の思いをある程度の時間をかけて表現でき、文章を書き直すこともできます。話が苦手な人には気分的な負担も少ない手段です。

対面の場合は、前述のようにタイミングによっては感情のトゲがもろに刺さるリスクもありますが、態度や表情で誠意を伝えることができます。変な話、土下座するという手段も使えるわけです。

ところが電話での謝罪は、姿や顔が見えないために表情で誠意を表すことができず、文章のように何度も書き直しをすることもできません。

また、相手から一方的にコミュニケーションを遮断されやすいという欠点もあります。しどろもどろになって、つい言わなくてもいいことを口走り、「もういい！」とガチャンと電話を切られる——こんなシーンがよくあるだろうことは想像に難くありません。ある意味、電話というのはもっとも効果の低い謝罪手段とも言えるのです。

では、電話での謝罪で相手に誠意を伝えるには、どうすればいいのでしょうか。

電話で伝わる唯一の情報が「音」です。謝罪という状況ではどうしてもオドオド、モゴモゴした話し方になりがちですが、それだと誠意どころか、謝っているのか言い訳をしているのかすら、伝わらない恐れがあります。

相手がちゃんと聞き取れる声で、語尾まではっきりと明瞭に話す。唯一の情報だからこそ、はっきりと明確に伝えるのがいちばんの基本です。

そしてもうひとつ、謝罪に限らず電話でのコミュニケーションに効果的なのが、**「態度で伝える」**という方法です。

態度と言ったって、顔や姿が見えないじゃないか——そのとおりです。しかし、目では見えていなくても、心で見る、意識で見ることができるのが人間なのです。

よくコントやコメディドラマなどで、営業マンが電話で、見えない相手に向かってペコペコお辞儀《じぎ》をして謝っているといったシーンを見かけませんか。

ドラマの場合はもちろん演出のひとつですが、メンタリズム的に言うと「見えない相手にお辞儀をする」という行動は、実際のビジネスの現場でも非常に効果的です。

メンタリズムポイント

電話の向こうにもジェスチャーは伝わる

つまり、頭を下げる、手を振るなどのジェスチャーを伴って発した声には、自然にその人の感情がこもるということ。受話器を前にして頭を深く下げて「申し訳ございません」と謝ると、姿は見えなくても相手には感覚として謝意が伝わるものなのです。

声学の分野でも、**声は姿勢で変わる**と言われています。みなさんも試しにやってみてください。背筋をピンと伸ばして上向きに発する声と、背中を丸めて下を向いて発する声とでは声のイメージが全然違ってくるはずです。

さらに人間の脳や心理は、微妙な音（声）のトーンや変化などをすべて聞き取って、本当に頭を下げたときに発する声かどうかを察知しています。

ですから、**声に感情を込めるためにも、電話をするときには体を動かして、ジェスチャーを使って話したほうがいい**のです。

電話でのセールス、テレフォンアポインター、お客様相談窓口、保険会社や通販会社のコールセンターでの電話応対にもまったく同じことが言えます。

私たちが発する声は単なる機械的な音声情報ではありません。その声は心と体とにつながっています。気持ちや感情が乗り移って生きているのです。

険悪な雰囲気は、脳細胞からリセットする

ミーティングルームで打ち合わせ中に、ちょっとした行き違いで相手が怒り出してしまったとしましょう。事情を説明してその場は取り成したけれど、部屋の中は重く、どこかギクシャクした雰囲気になってしまいました。これでは打ち合わせもスムーズに進まないので、なんとか場の空気を変えたい――。

こんなときは**「場所を変える」**という方法がおすすめです。

人間の気分というものは、その多くが周囲の環境に影響を受けています。ですから、今いる環境が険悪になってしまったら、別の環境に移動すればいい。環境を変えることで、気分のスイッチが切り替わるのです。

仕事で頭に来ることがあったとき、ムシャクシャした気分を整理するためにトイレに行ったり、喫煙者なら喫煙ルームに行ったり、女性なら給湯室に行ったりして、心を落ち着かせようとする。そんな経験はありませんか？　これはそれと同じです。

相手が怒ったり、場の雰囲気が悪くなったら場所を変えてみる。するとみんなが気分転換できるし、怒っている人も落ち着きや冷静さを取り戻すきっかけになります。

また、企画会議やミーティングなどでいいアイデアが出ない、方針が決まらないといった〝行き詰まった〟状態になったときにも同じことが言えます。


例えば、いつものミーティングルームではなく役員会議室を使ってみる。社員食堂やレストランで、ランチでも食べながら打ち合わせをしてみる、など。

中国の宋代《そうだい》に活躍した詩人・文学者の欧陽修《おうようしゅう》という人が、いい考えが浮かびやすい場所として、「馬上（馬の上）、枕上《ちんじょう》（寝るとき）、厠上《しじょう》（トイレの中）」の3カ所を「三上」として挙げています。


机の前で唸《うな》っているときよりも、トイレやお風呂の中とか散歩をしているときなどに、ふといいアイデアが浮かぶという経験がある人も多いのではないでしょうか。

人間の脳の大脳辺縁系には、記憶を担当する「海馬《かいば》」という部位があり、その海馬には「場所ニューロン」という部分があります。**「場所ニューロン」は、自分がいる場所を移動すると活性化するという性質がある**といわれています。

脳科学的にも、場所が変われば人はリフレッシュして気分の切り替えができ、脳が活性化することがわかっているのです。

もし打ち合わせや会議で相手がつまらなそうにしていたり、小康状態で行き詰まってきたりしたとき、いちばん手っ取り早いのは、

「この部屋は○○時から次の会議が入っているので、申し訳ありませんが――」と、別の部屋に移動してしまうこと。ウソでもいいのです。場所を変えるきっかけを作るための方便なのですから。

部屋を変わる前段階の移動時間があるだけでも、人間の気分は大きく変わってきます。

さらに移動する際、廊下を歩いている間でもエレベーターの中でもいい、相手と仕事から離れたちょっとした雑談ができるともっといいでしょう。気分も変わるうえに親近感をアップすることもできるのです。

メンタリズムポイント

困ったらまず場所を変えてみよう

また制約があって部屋を変わることができない場合、その部屋の温度を変えるという方法もあります。

どうやら人は温度に〝飽きる〟という特徴も持っているようで、部屋の温度が長時間一定だと（高くても低くても）知的生産性や作業効率は下がり、逆に少しずつ部屋の温度を変える（少し上げたり、少し下げたりする）と上がるという研究報告があるのです。

部屋を変われないのなら空調を調節して室温を変えてみる。それだけでもどんよりした雰囲気が解消されるかもしれません。

険悪な雰囲気の打ち合わせを
リセットしたいときには

……
……
……
……
脳科学的にも、
場所が変われば気分が変わると
証明されている
この部屋は○時から
次の会議が入っているので、
申し訳ありませんが
別のお部屋で——

CHECK **環境を変えれば、場の空気が変わる。脳が活性化して新しいアイデアが生まれる可能性も。**

「失敗」は学ぶものではなく、「利用」するもの

昔から「失敗は成功のもと」と言います。たとえ失敗してもその原因を追究、改善することが、その後の成功へとつながっていく、失敗から学ぶことで、成功に近づくことができるという意味です。

その考え方は決して間違っていませんし、否定もしません。私もこれまで、失敗から多くのことを学んできました。パフォーマンスで失敗したときには、もっと成功率を高めるためにはどうすればいいかを徹底的に追究し、ノウハウを修正して、次のよりよいパフォーマンスのために生かしてきたつもりです。

しかし、私は、**失敗から学ぶだけでは、これからの時代、不十分**だと考えています。失敗してしまった事実は変えようがありません。であればその失敗をあえて利用し、チャンスに変えることを考えるべきです。

例えば、不祥事を起こした企業が、誠実に、迅速《じんそく》に、真摯《しんし》に対処したことによって、かえって信頼度がアップすることがあります。これは個人でも同じ。大きなミスを犯しても、その対処をしっかりとすることで、逆に誠実な人というプラスイメージを与えることが可能です。

いちばんダメなのは、失敗したことを自分で卑下《ひげ》してしまう人。

普通なのは、失敗したことをただ反省し、次にその失敗を生かそうとする人。

人から頭一つ抜きん出るのは、失敗を自分にとってのプラスの要因として変換することができる人なのです。

社会心理学には『自己成就予言』という現象があります。これは平たく言えば、自分で「こうなる」「こうしたい」と強く思って行動すると、実際に成就してしまう現象のこと。

例えば占い師に「今日は駅の階段でつまずくでしょう」と言われると本当につまずいて転んでしまう。これはつまり頭の中に予言が残っていて、それが当たることを自分が主観的に期待しているのです。そのため無意識にその通りに行動してしまう。予言を達成するために行動を取ってしまうわけです。

ですから失敗したときに「オレはダメ人間だ」などと卑下ばかりしていると、仕事にも身が入らず、ヤル気もなくなって本当にそうなってしまいます。

逆に失敗したら反省するだけでなく、それをプラス材料に変換してやろう、そのまま利用してやろうという発想を持てば、それも現実になるということ。転んでもただでは起きない。なんとかプラスに使ってやろうと考えるのは、メンタリズム的にもとても大事だと思います。もちろん反省や学びの材料にもするのですが、それは後からでもできるのです。

私にも**「失敗をそのまま利用することで成功した」**経験があります。それがあったからこそ今の自分のスタンスがあるとも言える、大きな節目となった出来事でした。

以前、『笑っていいとも！』に出演したときのこと。当初は1カ月だけ限定のゲスト枠での出演の予定が、結局、そのあとの半年間、ずっと出演し続けることになりました。

そのきっかけが、いちばん最初のパフォーマンスでの大失敗でした。それはゲストの方に絵を描いてもらって、そこから性格などを当てるという、難しいパフォーマンスでした。

『笑っていいとも！』といえば人気番組だし、パフォーマーとしての見せ場でもあります。「最初にインパクトの強いヤツをぶつけよう」という意気込みもあって、あえて難易度の高い（失敗の確率が高い）パフォーマンスを選んだわけです。

そして見事に大失敗。それも生放送のオンエアで、です。視聴者の間では、

「ＤａｉＧｏってヤツが、『いいとも』の生放送でパフォーマンスを失敗した」

という情報が一気にバズって（噂が広まって）しまいました。ところが、つかみの重要なパフォーマンスを失敗したにもかかわらず、次回以降の視聴率が下がらなかったのです。

それは失敗したことが視聴者の方に非常に強い「リアリティ」を与えたからです。

マジックやイリュージョン、演劇やライブなど、メンタリズム以外のパフォーマンスでは「必ず成功する」ことが前提になっています。しかし完璧に作りこまれたスキ

のない「完成」は、どうしてもリアリティに欠けてしまう。そこにいきなりメンタリズムで失敗を見せられたことで、逆に視聴者がリアリティを感じてくれるようになったのです。

それ以降の視聴者は、うまくいくの？　もしかしたら失敗するんじゃないの？　という期待と不安を抱えながら私のパフォーマンスを見ていたはずです。そしてその状況下でパフォーマンスを行う私にしてみれば、**成功したら奇跡になり、失敗したらリアリティを演出できる**わけです。

メンタリズムポイント　失敗を利用してチャンスをつかめ

つまり**どちらに転んでも「失敗はない」**ということになります。

人は期待や不安を抱きながらパフォーマンスを見ると、結果が気になって最後まで見てしまいます。集中力が切れない。だからチャンネルを替えない。だから視聴率も下がらない。だから出続けることができたのです。

私は、大失敗を「リアリティ」の証拠として利用することで、パフォーマンスに成功しても失敗しても、どちらでも受け入れられるという最強のポジションを手に入れたのです。

これが「失敗を利用して成功した」私の経験談です。失敗してみせることがフィナーレとなる最後のパフォーマンスのリアリティと説得力を高めることを、メンタリストは知っています。①つかみ（成功）↓②失敗（苦戦）↓③大成功（リアリティを伴う成功）の構図を知っているのです。

こんなことを言うと、

「それじゃ『いいとも』でのパフォーマンス、わざと失敗したんじゃないのか？」そんな声が聞こえてきそうですが――それはご想像にお任せしましょう。

そもそも失敗とは「結果の解釈」に過ぎない

私の経験としても前述しましたが、パフォーマンスには失敗があります。

例えば私が「今、あなたが心に思い描いた動物が何かを当てます」と言ったのに答えを外したら、これはもう立派な失敗です。万人が「これは明らかに失敗だ」という共通認識を持つことができる。なぜならこの失敗には、「公言したとおりのパフォーマンスができていない」という明確な定義があるからです。

しかし――。

私は基本的には、**ビジネスにおける「失敗」はない**と思っています。なぜならそこには「失敗とは何か」という絶対的な定義がない、もしくは不明確だからです。パフォーマンスとビジネスのいちばんの違いはここです。

商談やプレゼンといったビジネスにおける行為は、基本的には当事者たちだけの領域で行われているものです。

プレゼンで「この企画は全然面白くない」と言われても、それはあなたの会社と先方との関係性のなかでは「面白くない」と判断されたということ。よその会社に見せたら、「それ、面白いね」と思う人のほうが圧倒的かもしれません。

そう考えると、**「プレゼンした企画がつまらなかった」というのは、失敗の定義ではありません。その取引先にはウケなかったという「結果」でしかなく、それは「失敗」ではない**のです。

単なる結果を当事者がどう解釈するかによって、それは成功にもなり得るし、失敗にもなり得るのだと、私は考えます。

つまり、ビジネスにおける「失敗」は、「結果の解釈」に過ぎません。前項で書いた「失敗を利用する」という発想も、結果を「失敗」ではなく「ひとつのビジネス素材」と解釈して、有効に利用しましょうということです。

本来ビジネスには成功も失敗もない。結果しかない。それなのにマイナスの結果が出ると人はどうしても、自分で勝手に「失敗」だと解釈してしまいがちなのです。

ビジネスにおける「失敗」と「結果の解釈」の捉え方については、研究者や科学者の思考を参考にするといいと思います。

彼らは実験や研究でトライ・アンド・エラーを繰り返し、データをひたすら収集します。得られたデータはすべて「結果」であり、その結果と目指すべき目的とが異なっていれば「エラー」と解釈して何度でもトライ（実験）する。

ただし、ここでも**「エラー」は「失敗」ではなく、「目的とは違う結果」に過ぎません**。「エラー」を失敗だと決めつけて捨ててしまったら、データや試作サンプルを捨ててしまったら、もう結果も何もなくなってしまいます。「エラー」も目的を変えたり、見方を変えたりすればまったく違う価値を持つ可能性もあります。

例えば、アメリカの化学メーカー3M社が開発した、ビジネスでは欠かせないオフィスツールのひとつであるノリが付いた付箋の『ポストイット』。これが「よく付くけど簡単に剝《は》がれてしまう」という失敗作の接着剤と、教会で讃美歌の歌集からポロリと落ちたしおりから得たひらめきから生まれたのは有名な話です。

粘着力の弱い接着剤という「エラー」が、簡単に剝がせるというメリットを活かして大きな「結果」を生み出したという好例でしょう。

失敗を恐れる心理状態のいちばんのデメリットは、想像力が制限されてしまうことです。

単なる「結果」を「大失敗」だと思い込んで萎縮し、自分を責めて、仕事の可能性や人生の可能性まで閉じてしまう人もいます。これは由々しき大問題でしょう。

導き出された結果は、結果以外の何ものでもありません。そう割り切って、それを利用するなり、そこから学ぶなりして、その「結果」を後に生かせばいいのです。

メンタリズムポイント　ビジネスにあるのは結果だけ。失敗にするかどうかは解釈次第

自分を信じるより「自分がやってきたこと」を信じる

仕事で大きな失敗をしたとき。

仕事がうまく進まないとき。思うようにできないとき。

あるいは、好きな人にフラれたときや、試験・テストに落ちたとき――。

人は様々な場面で、自分に対する自信を失います。

「オレなんかダメだ」「こんなに頑張ってるのに」「こんなはずじゃない」と思い込んでしまった人が再び自信を取り戻すのは、なかなか難しいことでしょう。

元来自分に自信がない人、持っていた自信をなくして再び取り戻したい人など、それぞれ状況は異なりますが、人はどうすれば自分に自信を持てるのでしょうか。

ひとつヒントを出すのなら、日々の生活のなかで得た成功体験を、書き記しておく、記録しておくことが効果的です。


人は、成功したことよりも、失敗したことのほうを鮮烈に覚えているもの。これは、人はリスクを伴う意思決定の際に利得よりも損失のほうを重大視するという『プロスペクト理論』にも近い考え方です。

また、自分が成功したり目標を達成したりしても、その成果を過小評価しがちな生き物でもあります。

だからこそ、**「今日はこれを頑張った」「こんなことを学んだ」「こんなことに挑戦した」など、小さな成功体験やよかったことを記しておく。いわば自分の成功ノート、成長ノートを作る**のです。

私がこれを始めたのは受験生の頃。勉強して新しく覚えたことや解けた問題などを毎日、専用のノートに書いていました。そしてテストの成績が悪かったときは、そのノートを読み返して、「オレならできる、大丈夫だ」と自分を励ましたものです。

受験生時代も、宅浪（自宅浪人）していた時代も、そして今でも日々、この成功ノートをつける習慣はずっと続いています。

私のノートは1週間1ページなので1日の欄は「今日は○○を頑張った」「○○ができた」「○○がうまくいった」と箇条書きにするくらいのスペースしかありません。

だから毎日続けられるのです。日記のようにそこそこまとまった文章を書こうと思うとなかなか続きませんから。

毎日、小さな成功やよかったことを記録したら、土日には「今週はこういうことができるようになった」「来週はこんなことをしたい」と、その1週間分のまとめを書きます。

そのノートを、**悩んだり落ち込んだりスランプになったりしたときに読み返す**。すると受験生時代と同じように、自然と「頑張ろう」という勇気が湧いてくる。「自分はまだまだできる」と前向きになれるのです。このノートは、今の私を支えている大きな存在であり、欠かすことのできない私の〝基〟と言っても過言ではありません。

これは心理学的に言うと、自分の成功体験が「自己肯定」につながるということ。自分がこれまでに得てきた達成感や充実感、成功体験を思い返すことで、自分に自信がつき、自己イメージがプラスに変わり、前向きな気持ちになるのです。

自己肯定とは、自分に自信を持つこと。それは言葉を変えれば「自分を信じること」でもあります。

メンタリズムポイント 自分のやってきたことを書きためて自信を作ろう

でも自分を信じる、自分の生き方を信じる、自分のやり方を信じる——それは口で言うほど簡単なことではありません。なかなか難しい。

しかし、**「自分がやってきたこと」を信じるのは案外に簡単です。なぜなら「やってきたこと」**とは、自分の行動の結果として存在する紛れもない「事実」だからです。

先の話で言えば、成功した、成長した、身につけたといった自分の成功体験が事実だからこそ、人はそれを信じることで自己肯定できるのです。

今日は何がうまくいったか。今日は昨日よりもどこが進歩したか。常に自分がやってきたことをノートに書いて、目に見える状態で蓄積させていく。成功ノートとは、自己評価による自分の通知表のようなものです。

人は自己評価が高いほど成功しやすいと言われています。小さな成功の積み重ね（自己肯定）によって自己評価を上げていく。それが自信へとつながっていきます。

おわりに　あなたが手に入れたもの

メンタリズムは大衆煽動《たいしゅうせんどう》の技術として発達してきました。
メンタリストたちは、人々を操るためならば何でもやってきました。心理学のみならず、錯覚やトリック、経済学、理学、哲学など、あらゆる知識を総動員し、相手を読み、操る。人々は何をされたのかもわからず、「自分で選択」して、メンタリストの思い通りに動いてしまったのです。そしてその技術は、はるか昔から姿をほとんど変えずに残ってきました。一部の占い師などが利用する話術などはまさにその典型ですね。紀元前から占いは存在していたといわれますが、今もその形をほとんど変えていません。私はそこに、人の心に関する真理があると思うのです。

私は引退宣言や転職発言などもそうですが、様々なリブランディングを繰り返してきました。いじめられっ子だった自分を変え、他人とは違う道を歩み、研究者でありながら、パフォーマーとしてメディアに出ました。

その後、単なるパフォーマーからタレントになり、メンタリズムを世に出すことができました。そして今、タレントからビジネスの世界に入り込み、あなたとこうして会うことができました。

あなたにこの本を読み、ビジネスで成功してもらうために、私は本書の中に様々な心理戦略を仕掛けました。

まずは、あなたにこの本を手に取ってもらう必要がありました。

一番最初に目に入る表紙に、具体的な数字や、心を動かす文言を並べ、既刊の私の著書にはないデザインと色で、異なる衣装で撮影をして表紙を作りました。そしてあなたはこの本を手に取ってくれた。

続いて、あなたに本を開いてもらう必要がありました。

手に取っただけの人はなかなか本を買うことはありませんが、実際に本を開いて内容を読むと人は本を買いやすくなります。

そう、表紙に17ページから読むようにと書いたのはこのためです。具体的にページ数を指定することで、あなたが本を開くように誘導したのです。

さらに、あなたに本を最後まで読んでほしかった。

Wired創刊編集長のKevin Kellyも主張していますが、ほとんどの本は最後まで読まれることはありません。そこで私は、18ページであなたに読み方の選択肢を出しました。あなたは、どうやってこの本を最後まで読もうかな、と考えたのではないでしょうか。

読むか読まないかではなく、どうやって読むかを考えさせたのです。そう、どんな読み方をしても、最後まで行き着くように。

そして、最後に用意された心理戦略は、まさに「あなたが成功すること」です。

私は、あなたにこの本の技術を利用し、成功してもらいたい。そのためにこの本を書いたのです。

この心理戦略がうまくいくかどうかは、あなたにかかっています。

知識を持っていることに価値がない時代。

私は、現代は、知識を持っていることに価値がない時代だと思っています。

情報はあふれています。

Googleで調べればたいていの知識は手に入ります、専門分野の知識ですら、論文検索で手に入るでしょう。しかし、Googleが教えてくれないこともあります、それは知識の使い方です。心理学の知識も、それ自体では単なる統計的実験の結果にすぎません。あなたが実際に利用し、結果を勝ち取らなければ、何の価値もないのです。


あなたにたくさんの知識を伝えたい、そう思う気持ちをぐっと抑え、この本では汎用性が高く、使いやすい知識を繰り返し紹介しました。そう、98ページで紹介した繰り返しの効果を狙ったのです（もう一度該当ページを読んでみてください）。

この本を最後まで読んだあなたは、普通の人よりは勉強家な方でしょう。もしかしたら、既知の知識もあったかもしれません。ですが、私はあなたに問いたい。

「よく知っていたはずのその知識を実際にビジネスで使っていましたか？」と。

多くのビジネスパーソンがそうであるように、知識としては知っていたけれど、使っていなかったのであれば、この本に出会ったこと、これはチャンスでしかありません。

あなたは、「知識を使わない」同僚や競合から抜きん出て、「知識を使う」人になるのです。


おめでとうございます、最後までこの本を読むことができたあなたは、もうすでに「心理戦略。」という見えない実弾を手に入れたのです。この本でご紹介したメンタリズムの技術は、パフォーマンスとは異なり、派手さや、鮮やかさはありませんが、相手の心に確実に命中し、あなたの価値を高め、信頼を勝ち取り、ビジネスを成功させる「見えない」実弾なのです。

あなたは実弾を手にしました。あとは引き金を引く、つまり行動するのみです。

２０１３年８月

メンタリスト　ＤａｉＧｏ

参考文献

○ジェイ・ヘイリー『アンコモンセラピー』二瓶社 ,2001
○ラマー・キーン『サイキック・マフィア』太田出版 ,2001
○工藤力『しぐさと表情の心理分析』福村出版 ,1999
○D. アーチャー『ボディ・ランゲージ解読法』誠信書房 ,1988
○匠英一『しぐさで見抜く相手のホンネ』扶桑社 ,2008
○養老孟司×古舘伊知郎『記憶がウソをつく！』扶桑社 ,2010
○渋谷昌三『外見だけで性格を見抜く技術』幻冬舎 ,2009
○イゴール・レドチャウスキー『催眠誘導ハンドブック』金剛出版 ,2009
○石井裕之『なぜ、占い師は信用されるのか？』フォレスト出版 ,2005
○石井裕之『コミュニケーションのための催眠誘導』光文社 ,2006
○齋藤勇『心理分析ができる本』三笠書房 ,1997
○千葉英介『心の動きが手に取るようにわかる NLP 理論』明日香出版社 ,2003
○林貞年『催眠術のかけ方』現代書林 ,2003
○林貞年『催眠術の極意』現代書林 ,2006
○林貞年『催眠術の究め方』現代書林 ,2008
○山中康裕『ユング心理学』PHP,2007
○Ekman,Paul&Friesen,Wallace V.UNMASKING THE FACE. MALORY BOOKS,1975
○Ekman,Paul.Telling Lies.W・W・NORTON,1992
○Ekman,Paul.Emotions Revealed.TIMES BOOKS,2003
○Ekman,Paul.Facial Expressions.American Psychologist. Vol.48,No.4,384-392
○Ekman,Paul.Why Don't We Catch Liars？.Social Research. Vol.63,No.3,801-817,1996
○Ekman,Paul&L.Rosenberg,Erika. What The Face Reveals.Oxford University Press,1997
○Silver,Tom.Ultimate Shock Induction（Video）
○Silver,Tom.Secret of Shock and Instand Induction（video）
○Hunter,Rudy.Tree Reading（Video）
○Jaquin,Anthony.Reality is Plastic.UKHTC,2007
○O'Hanlno,William Hudson,&Martin,Michael.Solution-Oriented Hypnosis,1992
○O'Hanlno,William Hudson.Taproots.Underlying Principles of Milton Erickson's Therapy and Hypnosis.New York：Noton,1987
○Zeig,Jeffrey K.Experiencing Erickson.New York：Brunner/Mazel,1985
○Zeig,Jeffrey K.A Teaching Seminar With Milton H.Erickson.New York:Brunner/Mazel,1980
○Haley,Jay.Uncommon Therapy.New York：Norton,1973
○Haley,Jay.Conversations with Milton H.Erickson, M.D.Vol.1&2.New York：Triangle,1985
○Riggs,John.Fat-Free Mentalism.
○Riggs,John.The complete Fortune Teller.
○Stagnaro,Angelo.Something from Nothing.
○Stagnaro,Angelo.European Mentalism Lecture,2005
○B.Anderson,George. Dynamite Mentalism,1979
○Rowland,Ian. Full Facts Book of Cold Reading 3rd Edition,2002
○Knepper,Kenton&Tank,J..Completely Cold
○Knepper,Kenton.SAR
○Knepper,Kenton.Miracles of Suggestion,2002
○Knepper,Kenton&The S.E.C.R.T,School.Mind Reading,2005
○Knepper,Kenton&Steven Sikes,Rex.Wonder Readings,1999
○Knepper,Kenton. Wonder Words1
○Knepper,Kenton. Wonder Words2
○Knepper,Kenton. Wonder Words3
○Dewey,Herb.Mindblowing Psychic Readings
○Dewey,Heab.Psycho-Babble
○Dewey,Heab.&K.Saville Thomas.King of Cold Readers
○Dean,Jeremy.How to be creative
○Webster,Richard.Quick and Effective Cold Reading
○Webster,Richard.Commercial Cold Reading（Audio）
○Webster,Richard.Further Commercil Cold Reading（Audio）
○Trickshop.MASTERING HYPNOSIS,2001
○Brown,Derren.Tricks of the Mind,2007
○Corinda.Thirteen Step to Mentalism,1986
○Wiseman,Richard.Quickology How We Discover The Big Truths In Small Things
○Crouter,Fred,The Inner Secret of Cold Reading
○TRADECRAFT,The Art and Science of Cold Reading
○Hyman,Ray.Cold Reading：How To Convince Strangers That You Know About Them
○Jakutsch,Jas.Completely Mental 1,1999.
○Jakutsch,Jas.Completely Mental 2,1999.
○Jakutsch,Jas.Completely Mental 3,1999.
○Cristopher,Milbourne.Mediums,Mystics and the Occult,1975.
○Henderson,Brad.The Dance
○Kross,Ford.Suggestive Mentalism
○Mann,Al.High Domain
○A.Nelson,Robert.The Art of Cold Reading
○A.Nelson,Robert.A Sequel to the Art of Cold Reading

［著者］

メンタリスト DaiGo
人の心を読み、操る技術“メンタリズム”を駆使する日本唯一のメンタリスト。

TV番組へ出演多数、著書は累計55万部突破のベストセラーに。

外資系企業の研修や、コンサル、教育誌への連載なども手掛ける。

主な著書は、『人の心を自由に操る技術』（扶桑社）『DaiGoメンタリズム 誰とでも心を通わせることができる7つの法則』（ワニブックス）『これがメンタリズムです メンタリストになれる本』（幻冬舎）『メンタリズム　恋愛の絶対法則』（青春出版社）『不安を自信に変える「逆転の発想術」』（廣済堂出版）など。

ビジネスやコミュニケーションに使える心理術を無料公開中。

詳しくはhttp://www.daigo.meまで

一瞬でYESを引き出す **心理戦略。**

2013年8月1日　第1刷発行
2015年12月16日　第16刷発行

著　者――メンタリスト DaiGo
発行所――ダイヤモンド社
〒150-8409　東京都渋谷区神宮前6-12-17
http://www.diamond.co.jp/
電話／03･5778･7236（編集）　03･5778･7240（販売）
カバー、本文デザイン―鈴木 大輔（ソウルデザイン）
本文DTP――桜井 淳
撮影――菊地 英二
スタイリング――三枝 綾
ヘアメイク――永瀬 多壱（VANITĒS）
編集協力――柳沢 敬法
製作進行――ダイヤモンド・グラフィック社
印刷――勇進印刷（本文）・加藤文明社（カバー）
製本――ブックアート
編集担当――加藤 貴恵

ISBN 978-4-478-02522-2